Überall und nirgendwo

Ein Lese- und Sprachbuch
für die Mittelstufe

DÜRR + KESSLER

Überall und nirgendwo

Ein Lese- und Sprachbuch für die Mittelstufe

von Inge Schofer, Birgit Wiedermann, Doris Wissel
unter Mitarbeit von Gerd Migulla

1   Zu Hause
2   In der Schule
3   Jahreszeiten und Feste
4   Rund um die Welt
5   Märchen und Träume

Sie finden uns im Internet unter:
www.wolfverlag.de

Illustrationen: Andrea Frick-Schmidt, Inge Schofer

Best.-Nr. **03607**

2. Auflage ⁴ ³ ² ¹ 03 02 01 00
Die letzte Zahl bedeutet das Jahr dieses Druckes.
Alle Drucke dieser Auflage können im Unterricht
nebeneinander verwendet werden.

Dürr+Kessler
Haidplatz 2, 93047 Regensburg
Dürr+Kessler ist ein Verlag der Wolf Verlag GmbH & Co KG

ISBN 3-8181-0360-7

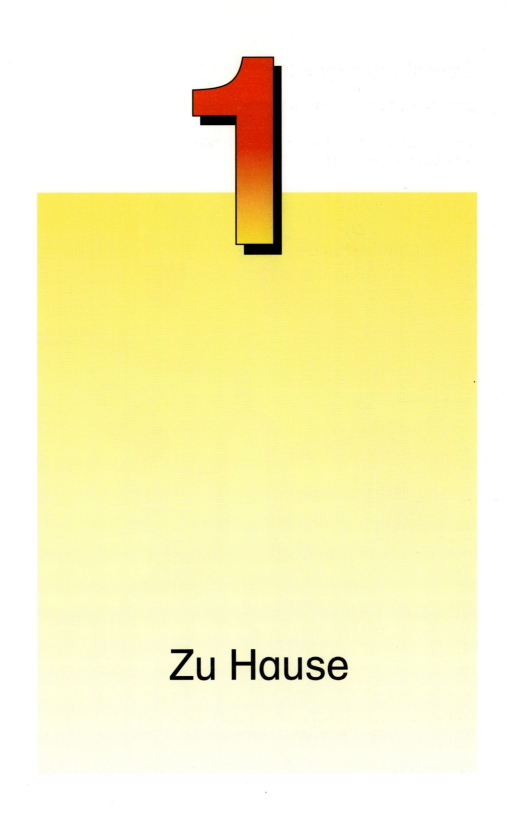

Zu Hause

4

Zu Hause

Wenn die Schule aus ist, sagt unsere Lehrerin: „Nun schnell nach Hause!". Dann nehmen wir unsere Mappen und sausen los.

Ich habe es nicht weit. Meine Mutter wartet auf mich. Meine
5 kleine Schwester ist auch schon da. Mein großer Bruder ist noch in der Schule. Mein Vater kommt meistens erst abends nach Hause. Er fährt einen großen Lastwagen. Wenn er am Feierabend die Wohnungstür aufschließt, ruft er immer: „Hallo, ich bin wieder zu Hause." Dann freuen wir
10 uns. Richtig schön ist es erst, wenn alle da sind.

Sven findet das nicht. Er wohnt mit drei anderen Kindern in einem Zimmer im Kinderheim. „Das ist in Ordnung", sagt er. „Aber manchmal ist es schöner, wenn nicht alle da sind."

Melanie meint: „Hauptsache, meine Mutti ist zu Hause."
15 Das kann ich verstehen. Sie ist mit ihrer Mutter allein. Nach der Schule geht sie erst immer in den Hort.

Der neue Junge aus meiner Klasse wohnt in einem Wohnwagen. Er bleibt nur vier Wochen hier. Dann zieht der Zirkus weiter. Er arbeitet richtig im Zirkus mit, bei der Pferde-
20 nummer. In einem Wohnwagen zu leben, das muss toll sein. Marco sagt: „Ja, aber dauernd eine neue Schule, das ist nicht toll."

Meine Tante hat sogar zwei Wohnungen, eine in der Stadt für den Winter und eine Laube für den Sommer. Manchmal
25 darf ich sie am Wochenende besuchen. „Das ist schon fast dein zweites Zuhause", sagt meine Tante. Ich schlafe dort auf dem Sofa am Fenster. Wenn es draußen dunkel wird und ich die Sterne sehen kann, muss ich immer an Mutti und Vati denken. Was sie jetzt wohl machen? Aber dann
30 krieche ich tiefer unter die Decke und schlafe ein.

Morgen bin ich wieder zu Hause.

Namenstag

Sieben Uhr – Aufstehen, Karo!
Neun Uhr – Karola, lies bitte!
Elf Uhr – Spielst du mit, Lola?
Dreizehn Uhr – Schatz, komm zum Essen!
Sechzehn Uhr – Wo ist meine Brille, Hase?
Siebzehn Uhr – Karlchen, was gibt's Neues?
Neunzehn Uhr – Kind, Fernseher aus!
Zwanzig Uhr – Zähne putzen, Karoline!
Einundzwanzig Uhr – Liebling, gute Nacht.
Zweiundzwanzig Uhr – Nun bin ich müde.

So viele Namen

Florian ist krank

Seit einer Woche liegt Florian im Bett. Er hat Husten und Fieber. Zuerst war er sehr krank. Er wollte nichts essen. Nur großen Durst hatte er. Seine Mutter ist nicht zur Arbeit gegangen. Sie ist zu Hause geblieben und hat auf ihn auf-
5 gepasst. Jetzt ist er nur noch ein bisschen krank. Aber er muss noch im Bett liegen. Im Bett ist es jetzt richtig gemüt-lich. „Mutti", ruft Florian, „komm bitte mal. Kann ich noch ein bisschen Saft haben?" Die Mutter kommt und bringt Saft. Sie sieht besorgt aus. Florian fragt: „Warum guckst du
10 so ernst? Ich bin doch fast gar nicht mehr krank." „Ach Flo-ri", antwortet die Mutter, „morgen muss ich wieder zur Ar-beit. Wie soll ich das bloß machen?" Florian überlegt. Dar-an hat er ja gar nicht gedacht. Wenn Mütter arbeiten, kön-nen sie nicht lange zu Hause bleiben, auch wenn ihr Kind
15 krank ist. Er hat eine Idee. „Weißt du was?", sagt er, „du kannst ruhig zur Arbeit gehen. Ich bin doch schon groß. Ich bleibe allein und warte auf dich." Die Mutter schaut ihn fra-gend an. „Meinst du, dass du das schon kannst?" „Sicher", lacht Florian, „das schaffe ich bestimmt." „Ja", sagt die Mut-
20 ter, „wir probieren es. Ich stelle das Telefon neben dein Bett und rufe dich vom Betrieb aus an. Du kannst mich aber auch anrufen. Wenn irgendetwas ist, komme ich sofort nach Hause. Ganz gleich was mein Chef sagt."

Am nächsten Morgen ist es noch dunkel, als die Mutter in
25 Florians Zimmer kommt. Sie bringt das Telefon. Sie stellt ihm Tee, Brot und Obst hin. „Schlaf weiter, mein Schatz", sagt sie, „ich rufe dich später an." Florian nickt. Seine Mut-ter sieht ganz blass aus und macht ein trauriges Gesicht. Er kuschelt sich unter seine Decke, und während er langsam
30 wieder einschläft, denkt er: Ich rufe sie später an und sage, dass alles in Ordnung ist. Dann wird es ihr sicher besser gehen.

Es kann sein

Es kann sein, dass Hustensaft
den Husten dir vom Halse schafft.

Es kann sein, dass Kräutertee
lindernd wirkt bei Magenweh.

Es kann sein, dass eine Spritze
mancher Krankheit nimmt die Spitze.

Doch es können niemals Pillen
irgendeinen Kummer stillen!

Wenn dich mal ein Freund versetzt,
sag ihm klar, dass dies verletzt.

Hast du eine Fünf geschrieben,
frag sofort: „Was muss ich üben?"

Gab es einen bösen Streit,
sag auch du: „Es tut mir Leid!"

Doch bei kleinem Weh und Ach:
dreimal täglich ganz laut lach!

Kati muss ins Bett

Die ganze Familie ist zu Hause. Es ist schon spät. Mutter
legt die Zeitung aus der Hand und schaut auf die Uhr. „Kati,
es ist Zeit. Du musst ins Bett." Kati spielt weiter. „Ja, ich gehe gleich." Thomas nimmt seine Kopfhörer ab. „He, muss
5 sie nicht ins Bett?" Kati blickt auf und zeigt auf ihren Bruder:
„Er aber auch." Mutter lacht und blickt zu Thomas: „Richtig.
Thomas sollte auch ins Bett." Kati und Thomas sagen wie
aus einem Munde: „Wir sind noch gar nicht müde!"

Da kommt Vater ins Zimmer. „Schluss jetzt! Ihr beide geht
10 ab ins Bett!" Er gähnt. Nun fängt auch Mutter an zu gähnen.
Sie können gar nicht aufhören.

Da lacht Kati und sagt: „Wer muss denn nun ins Bett?"

Meine Stadt

Baumaschinen-, Straßenlärm,
Fahrradklingeln ziemlich laut,
kein Konzert, für das ich schwärm,
doch der Stadt ist es vertraut.

Trotzdem liebe ich die Stadt.
Es gibt immer viel zu sehn,
und ich sehe mich nie satt
an den Läden und Museen.

Zeitungen, ganz frisch gedruckt,
kauft man hier an allen Plätzen,
sieht den Filmstar, der mal guckt,
ob ihn seine Fans noch schätzen.

Man sieht Häuser und Paläste,
leider auch drei Staus am Tag.
Und es gibt auch Straßenfeste,
die ich ganz besonders mag.

Meine Stadt ist gar nicht leise,
sie ist staubig, bunt und schrill.
Doch ich weiß nach jeder Reise,
dass ich stets hier leben will.

Bei Anna im Dorf

„Hast du es gut", sagt Maike, meine Schulfreundin, zu mir und trocknet sich ab. „Ein Badesee, fast vor der Haustür!"

Unser See ist im Sommer wirklich sehr schön. Ich lasse die Beine ins Wasser baumeln. Wenn es heiß ist, gibt es fast
5 nichts Besseres, als baden zu gehen.

Alle Kinder im Dorf haben in diesem See schwimmen ge-lernt. Ich auch, und vor mir schon meine Mutter, und davor schon mein Großvater. So lange leben wir schon hier.

Wenn es zu kalt zum Schwimmen ist, dann kann man bei
10 uns wunderbar mit dem Rad fahren. Auf den vielen Feld-wegen gibt es keine Autos. Wir machen richtige Radren-nen. Oder wir fahren in den Wald. Im Sommer wachsen dort Blaubeeren, wilde Himbeeren und im Herbst viele Pilze.

15 Ach ja, im Herbst.

Wenn die Äpfel reif werden und die Pflaumen, dann werden auch bald die Kartoffeln eingebracht.

Mein Großvater hat keine Landwirtschaft mehr. Das Land ist verpachtet. Mein Vater arbeitet in der Stadt. Jeden Tag
20 ist er lange mit dem Auto unterwegs. Nach der Arbeit hat er noch viel in unserem großen Garten zu tun.

Wenn die letzten Kartoffeln geerntet sind, dann machen wir ein Feuer und rösten Kartoffeln. „Was ist eine Kartoffelernte ohne Kartoffelfeuer", sagt mein Vater. Und mein Bruder
25 sagt: „Was sind geröstete Kartoffeln ohne verbrannte Finger!" und kühlt sich die Hand.

Im späten Herbst, wenn es viel regnet und der Sturm ums Haus tobt, machen wir es uns drinnen gemütlich. Bei solchem Wetter allerdings morgens auf den Schulbus warten
30 zu müssen, das ist wirklich nicht schön!

Im Winter, wenn es richtig kalt wird, friert der See zu. Dort können wir Schlittschuh laufen. Bei uns gibt es im Winter viel Schnee. Wir bauen einen großen Schneemann, und er bleibt lange weiß. Manchmal bekommen wir sogar schnee-
35 frei, weil die Straßen zugeschneit sind.

Trotzdem, im Frühling ist es doch wohl am allerschönsten.

Kaum sind die Schneeglöckchen verblüht, fangen die Osterglocken an. Bald blühen auch alle Obstbäume. Sonntags können wir dann schon im Garten Kaffee trinken. Ich
40 trinke aber lieber Kakao.

Abends mache ich mein Fenster weit auf. Der Wind duftet nach Maiglöckchen und Flieder. Die weißen Blütenblätter fallen lautlos ins Gras. Ich höre die Nachtigall.

Aber jetzt ist ja Sommer.

45 Ich glaube, ich werde noch ein bisschen schwimmen. „Maike, kommst du auch nochmal ins Wasser?"

Liebe Oma

Sabine schreibt einen Brief an ihre Oma. Sie mag ihre Oma sehr. Als Sabine in den letzten Ferien dort zu Besuch war, hat Oma gesagt: „Schreib mir doch mal. Das kannst du doch schon."

5 Sabine schreibt:

Liebe Oma, wie geht es dir?

Bei Oma ist es immer ganz toll. Sabine darf sich jeden Tag wünschen, was es zu Mittag gibt. Sie geht mit ihrer Oma spazieren oder Eis essen. Manchmal ist Oma danach mü-
10 de. Dann setzt sie sich in ihren Sessel und legt die Beine hoch. „Kind", sagt sie, „ich bin nicht mehr die Jüngste". Sabine sitzt daneben und erzählt von zu Hause oder der Schule. Oma hört genau zu. Sie möchte nämlich immer wissen, ob alles in Ordnung ist und ob alle gesund sind.

15 Sabine schreibt:

Mir geht es gut.

„Gesundheit ist das Wichtigste", sagt Oma, „und dass sich die Menschen vertragen." Das findet Sabine auch. Aber mit Jessica hat sie sich trotzdem gezankt. Jessica hat nämlich
20 zu ihr Heulsuse gesagt, als sie in der Schule wegen der Fünf im Diktat ein bisschen geweint hat. Nun ist Manuela ihre Freundin.

Das muss sie unbedingt schreiben:

Manuela ist meine Freundin.

25 Sabine weiß nun nicht mehr weiter. Da fällt ihr ein, sie kann ja noch von heute erzählen. Da war sie mit Mutti und Vati im Zoo. Das war wirklich schön. Sabine geht dort gerne hin. Nur manche Tiere riechen so komisch. Das mag sie nicht so sehr.

30 Heute haben sie sogar im Zoo zu Mittag gegessen. Vati hat gesagt: „Wenn schon, denn schon. Eigentlich ist es hier viel zu teuer."

Am besten haben Sabine die kleinen Bären gefallen. Die würden der Oma auch gefallen.

35 Sie schreibt :

Ich habe heute kleine Bären gesehen.

Sabine findet, dass sie nun schon viel geschrieben hat. Mutti ruft auch zum Abendbrot.

Schnell noch den Schluss:

40 Vielleicht komme ich dich bald besuchen.
Herzliche Grüße von Sabine

17

Fernsehabend

Plötzlich krachte eine Tür. Dann hörte man die tiefe Stimme von Sebastian.

„Dumme Ziege! Lass mich bloß in Ruhe!"

„Hau doch ab!" Das war Nadine.

5 Rums, wieder die Tür. Dann war vorerst Ruhe.

Im Wohnzimmer waren die Eltern schon beim ersten Knall zusammengezuckt. Gerade hatten sie es sich vor dem Fernseher gemütlich gemacht.

„So geht das jeden Tag", sagte die Mutter und sah besorgt

10 zu ihrem Mann hinüber. „Vielleicht solltest du mal ein Machtwort sprechen."

Der Vater sah gebannt auf den Bildschirm. Er ließ sich ungern beim Western stören. Eben hob der Held die Fäuste.

„Kinder streiten doch immer", sagte der Vater. „Morgen

15 sind sie wieder die besten Freunde!"

„Du hast mein Heft geklaut", tönte es da aus dem Flur. Dann klatschte eine Ohrfeige.

„Mutti, komm bloß, der Blödmann gibt mir mein Heft nicht wieder. Der haut mich."

20 „Du lügst wie gedruckt und kratzt und beißt."

„Aua, Mutti, der zieht an meinen Haaren."

Die Tür ging auf, und die Streithähne standen im Zimmer.

„Oh, ein Western!", riefen sie wie aus einem Munde. „Dürfen wir fernsehen?"

25 „Zum Donnerwetter, ja, wenn endlich Ruhe ist", sagte der Vater.

Sebastian und Nadine hockten sich auf den Teppich. Genau rechtzeitig, bevor der Held erneut zuschlug.

„Mann, hat der einen Schlag!", rief Sebastian bewundernd.

30 „Toll, wie der zuhaut!", sagte Nadine.

„So stark bist du nicht, Sebi. Wärst du wohl gerne, was?"

„Um dir eine reinzuhaun reicht's noch immer."

„Dann kriegst du drei zurück, du Angeber."

„Jetzt ist Ruhe!", riefen die Eltern.

35 Im Fernsehen schlug der Held schon wieder zu.

Der Vertrag

Heute hat Max es sehr eilig. Nach der Schule rennt er gleich nach Hause: Max hat heute Geburtstag. Seine Mutter wartet schon an der Tür. Max läuft ins Zimmer und blickt sich suchend um. Auf dem Tisch brennen die Geburtstagskerzen, und da liegt ...?

Auf dem Tisch liegt ein Umschlag. Ist das sein Geburtstagsgeschenk? Max nimmt langsam den Brief. Er liest.

Vertrag

Max staunt. Was ist das? Die Mutter lacht. Max liest weiter.

Ich verspreche hiermit, dass ich meinen Wellensittich, den ich mir schon lange gewünscht habe, ...

Sein Herz klopft. Bekommt er wirklich einen Wellensittich?

... immer gut pflegen werde. Ich werde die Pflegehinweise genau lesen und einhalten!

Unterschrift: ....

Die Mutter gibt ihm einen Stift. Max hat einen ganz roten Kopf vor Freude. Er unterschreibt. Die Mutter hebt die Tischdecke an. Da steht ein großer Vogelkäfig. Ein blauer Wellensittich blickt Max aus schwarzen Knopfaugen an. Max kniet sich vor den Käfig hin. Langsam und vorsichtig steckt er seinen Finger durch die Gitterstäbe. Er lockt mit leisem Pfeifen. Der Vogel legt den Kopf auf die Seite. Er hüpft zum Gitter. Dann knabbert er ganz sanft am Finger.

Für dich werde ich ganz bestimmt sorgen, denkt Max, auch ohne Vertrag. Das macht doch Spaß.

In der Nacht

Nina liegt im Bett. Sie kann nicht einschlafen. Aber sie ist so müde. Es muss schon sehr spät sein. Draußen ist es dunkel. Doch unter der Tür sieht sie einen Lichtschein. Die Mutter ist noch wach. Sie wartet genauso wie Nina.

5 Nina dreht sich auf die linke Seite. Da ist Bobby. Bobby ist ihr Kuscheltier. Manchmal denkt Nina, dass sie schon viel zu groß für Bobby ist. Aber jetzt ist es schön, dass er da ist.

Da, hat sie nicht ein Geräusch gehört? Es ist nur der Nachbar, der nebenan die Tür zuschlägt. Nina dreht sich auf die
10 rechte Seite.

Ganz deutlich hört sie nun wieder etwas: Der Schlüssel wird in das Schloss der Eingangstür gesteckt und umgedreht. Nina hält den Atem an. Sie drückt Bobby ganz fest an sich und rutscht noch tiefer unter die Decke. Ange-
15 spannt lauscht sie auf die Geräusche im Flur.

Nun wird die Eingangstür geöffnet und dann leise wieder geschlossen. Mit Erleichterung hört sie, dass im Flur alles ruhig bleibt. Nichts fällt um. Sie hört keine stolpernden Schritte. Jetzt geht die Tür zur Küche auf. Nina lauscht re-
20 gungslos. Sie hört ein Lachen, Geschirrklappern, die Küchenstühle werden gerückt. Dann ist nur noch leises Gemurmel, und ab und zu ein Lachen, zu vernehmen.

Jetzt kann Nina endlich aufatmen. Sie ist erleichtert. Heute ist es gut gegangen.

Fritz

In diesem Jahr wollte es nicht Frühling werden. Ein kalter
Wind wehte, und Schneeflocken wirbelten durch die Luft.
Katja stand am Fenster. Ihre Stimmung war genauso trübe
wie das Wetter draußen.

5 Heute Morgen hatte ihr die Heimleiterin gesagt, dass ein
neues Mädchen erwartet wird. „Katja", sagte sie, „du musst
dein Zimmer teilen. Bitte mach ein wenig Platz im Kleider-
schrank und räume das zweite Bett frei. Sei doch freundlich
zu ihr. Denk daran, wie es war, als du hier ankamst."

10 Katja war wütend. Sie hatte keine Lust zu teilen. Das Zimmer war sowieso zu klein. Es war ihr Zuhause, ihr Reich, ihr
Rückzugsort hier im Kinderheim.

Als es plötzlich klopfte, rief sie laut: „Draußen bleiben!"
Trotzdem kam sie ins Zimmer, die Neue. „Hast du keine
15 Ohren?", fragte Katja. „Du bist hier unerwünscht." „Das
passt prima", antwortete das Mädchen, „ich habe sowieso
keine Lust hier zu bleiben. Wahrscheinlich bist du genauso
blöd, wie dieses Zimmer blöd ist." Katja sah das Mädchen
zum ersten Mal richtig an. Zunächst sah sie einen riesigen
20 Teddybären, dahinter ein ziemlich verheultes Gesicht. „Wie
heißt der eigentlich?", fragte Katja und zeigte auf den
Bären. „Das ist Fritz", antwortete das Mädchen leise. „Fritz
kann sich ja schon mal setzen", meinte Katja versöhnlich
und zog einen Stuhl heran. „Will er vielleicht Zitronentee?
25 Wir haben heißes Wasser am Waschbecken. Geht ganz
schnell." Das Mädchen nickte. „Fritz trinkt gerne Zitronentee. Er hat auch noch ein paar Kekse mit. Vanillewaffeln.
Die isst er am liebsten." Katja stellte zwei Tassen auf den
Tisch, das Mädchen legte die Kekse dazu. Draußen schlug
30 nun Regen an die Fenster. Im Zimmer aber war es warm
und behaglich. „Das Bett dort drüben kann Fritz haben",
sagte Katja plötzlich, „und im Schrank mache ich Platz für

seine Sachen." Auf einmal stand eine Erzieherin im Zimmer. „Das ist schön Katja, dass du Nicole so freundlich auf-
35 genommen hast." Nicole sah sie ganz ernst an. „Es ist wirklich nett hier, aber bitte nennen Sie mich doch Fritz." Da mussten beide Mädchen lachen. Sie lachten immer noch, als die Erzieherin schon längst kopfschüttelnd gegangen war.

Die Küchenschublade

In meiner Küche steht ein Tisch
mit einer tiefen Lade.
Und brauch ich mein Rezept für Fisch,
dann such ich dort gerade.

5 Ich such und such den ganzen Tag
das Fischrezept, das ich so mag.
Stattdessen find ich Omas Brief,
ein Gummibärchen schon ganz schief,
die Garantie für eine Uhr,
10 acht Knöpfe und zehn Meter Schnur.
Die Anleitung für unsern Föhn,
ein Kinderfoto, oh wie schön!
Sechs Pflaster und das Klebeband,
ein Rechenheft, ganz ohne Rand.
15 Vom Klempner gar die letzte Mahnung,
ob der noch Geld kriegt? Keine Ahnung.
Drei Stifte und ein Sockenpaar,
die Spange für das Kinderhaar.

Und endlich findet sich im Tisch,
20 in seiner tiefen Lade,
das Kochrezept für guten Fisch.
Doch ich hab's satt – wie schade.

Spiel für ein krankes Kind
-2 Taschenspiegel / Sonnenschein-
Mit den Spiegeln die Sonne einfangen.
Das Licht fällt auf die Zimmerdecke oder die Wände
Ein Kind ist der Hase und huscht mit seinem Lichtfleck davon. Das andere Kind ist der Jäger und
versucht mit seinem Lichtfleck den Hasen zu fangen.
Wenn sich beide Lichtflecke berühren, werden
die Rollen getauscht.

Korkenfloß - (Für Regentage)
12 Korken mit dünnem Draht verbinden.
1 dünnen Holzstab mit Papiersegel auf dem
mittleren Korken befestigen. Fertig!
Viel Spaß!

24

Kleiner Kuchen
(kann auch Tina bachen)

Kleiner Kuchen
Was wir brauchen:
7 Essl. Butter, 3 Essl. Zucker , 1 Päckchen Vanillezucker,
2 Eier, Salz, 10 Essl. Weizenmehl, 3. Essl. Kakao,
2 Essl. gesiebten Puderzucker, 2-3 Essl. Zitronensaft,
4 kandierte Kirschen.

So wird es gemacht:

- Butter schaumig rühren, Zucker, Vanillezucker, Eier und Salz
  hinzugeben.
- Mehl, Backpulver, Kakao mischen und esslöffelweise unterrühren.

- Kleine Kastenform einfetten, den Teig hineinfüllen.
  Auf mittlerer Schiene bei 200° etwa 70 Min. backen.

- Puderzucker und Zitronensaft verrühren. Den abgekühlten Kuchen
  damit bestreichen.
- Mit den Kirschen verzieren.

Liebe ist . . .

Wir entrümpeln Keller, Dachboden, Hinterhof und Garten, privat und Hausverwaltungen, preiswert und schnell. ☎ 948555

Liebe Mutti,
bin auf dem Spielplatz
Kuss! Oli

25

Pellkartoffeln mit Kräuterquark

Karsten kommt von der Schule nach Hause. Die Mutter liegt im Bett. Sie ist krank. Sie sagt: „Ich habe eine schlimme Erkältung. Heute kann ich nicht aufstehen. Zum Mittag musst du dir ein Brot streichen."

5 Ihre Stimme klingt ganz matt. Karsten ist besorgt. Er sagt: „Du musst auch essen. Ich werde ein richtiges Mittagessen kochen. Dann wirst du schneller wieder gesund. In der Schule habe ich gelernt, Pellkartoffeln mit Quark zu kochen." Die Mutter freut sich: „Schön, dass ihr so etwas in
10 der Schule lernt!" Karsten geht zu seiner Schultasche und holt den Ordner heraus. Der Quark schmeckt auch auf Brot gut, aber besonders lecker ist er zu Pellkartoffeln, denkt er. Nun liest Karsten das Rezept und überlegt, was er noch einkaufen muss. Kartoffeln, Zwiebeln und Milch sind da.
15 Aber Quark und Schnittlauch muss er besorgen. Karsten macht sich schnell auf den Weg.

Als er wieder zu Hause ist, fragt er seine Mutter: „Hast du großen Hunger? Ich fange jetzt an zu kochen. Das wird ein wenig dauern." Die Mutter lächelt und sagt, dass sie noch
20 gut abwarten kann.

In der Küche ist Karsten etwas aufgeregt. Schon häufig hat er der Mutter geholfen, aber allein hat er noch nie gekocht. Aus der Tüte nimmt er acht Kartoffeln. Es ist bestimmt besser, wenn die Mutter ordentlich isst, damit sie wieder zu
25 Kräften kommt, sagt er sich. Außerdem findet er, dass die Kartoffeln ziemlich klein sind. Sorgfältig wäscht er sie. Anschließend kommen sie in den Kochtopf. Er füllt so viel Wasser auf, dass sie bedeckt sind. Dann stellt er den Topf auf den Herd, schaltet ihn ein und wartet, bis das Wasser
30 kocht. Es ist gar nicht so einfach zu erkennen, wann das Wasser kocht, denkt er. Ich muss abwarten, bis es richtig sprudelt, erinnert er sich. Als es so weit ist, schaltet er die Temperatur der Herdplatte einige Stufen herunter. Nun

kann er in Ruhe den Kräuterquark zubereiten. Er beginnt
35 mit den Zwiebeln. Es geht gar nicht so leicht, sie abzu-
schälen. Aber noch schwieriger wird es, sie klein zu schneiden! Karsten tränen die Augen. Nach einer Weile denkt er,
dass er Zwiebeln sowieso nicht mag. Die Hälfte muss reichen! Quark und Zwiebelstücke kommen in eine Schüssel.
40 Nun misst Karsten die Milchmenge mit einem Esslöffel ab.
Dabei kleckert etwas daneben. Das macht nichts, sagt sich
Karsten, heute bin ich der Chef in der Küche. Zuletzt
schneidet er den Schnittlauch in kleine Röllchen. Sie werden zwar nicht alle gleich lang, aber das ist ja auch nicht
45 wichtig. Nun muss er dringend nach den Kartoffeln schau-
en. Sie müssten eigentlich schon weich sein. Mit einer Ga-
bel sticht er vorsichtig in einige hinein. Er merkt, dass sie
fertig sind und holt die Topflappen. Vorsichtig gießt er das
Wasser ab. Das hat er schon öfter gemacht. Deshalb weiß
50 er, worauf er aufpassen muss. Nun liegen die acht heißen
Kartoffeln vor Karsten. Er stöhnt ein bisschen, denn die
Schale muss auch noch entfernt werden. Als er fertig ist,
sind die ersten Kartoffeln schon kalt. Aber mit etwas Butter,
Salz und dem Quark wird es sehr gut schmecken, denkt er.

55 Und das findet seine Mutter auch!

Morgenwäsche

Heut wasch ich mir das rechte Bein,
das linke lass ich lieber sein.
Das Wasser ist noch gar nicht warm,
drum wasch ich nur den linken Arm.
5 Nun folgt ganz schnell das rechte Ohr,
das linke bleibt heut außen vor.
Damit ich aber sehen kann,
sind meine Augen beide dran.

Dann schau ich mich von oben an:

10 Es glänzt sehr schön das rechte Bein,
das linke ist nun gar nicht rein.
Der linke Arm ist weiß wie Schnee,
der rechte grau, wie ich grad seh.
Am linken Ohr der Schmutz wird stören,
15 besonders gut werd ich nicht hören.
Nun wasch ich doch das linke Ohr,
das rechte kommt mir fertig vor.
Dann schrubb ich mir das linke Bein,
der rechte Arm muss auch noch sein.
20 Jetzt ist das Wasser richtig heiß,
dann wird der Rest wohl auch
      noch weiß.

In der Schule

Die Deutschstunde

Was in der Schule heut geschah?
Denkt ja nicht, dass ich träume,
wenn ich erzähle, was ich sah.
Mein Herz schlug Purzelbäume.

Ein Briefchen kam, nur dieser Satz:
„Was wollen wir heut machen?"
Ich hielt ihn dann wie einen Schatz,
den ich nur darf bewachen.

Mein Lehrer nahm den Zettel fort,
las ihn und sagte knapp:
„Wir machen Deutsch, und das sofort,
und ihr lenkt euch nicht ab."

Ich übte Deutsch an diesem Tag
und schrieb sehr oft ins Reine,
den Satz, den ich am liebsten mag:
„Ich bin nicht mehr alleine!"

31

Immer Pascal

Papa baut ein neues Regal für die Küche. Mario hilft dabei. Es müssen nur noch alle Schrauben festgezogen werden. Mario hält das Regal, Papa schraubt.

„Na, wie war es in der Schule?", fragt Papa. Mario überlegt.
5 Gab es etwas Besonderes? Ach ja. „Heute war Feueralarm." Papa dreht nochmal kräftig an den oberen Schrauben. „So, so, Probealarm." Mario drückt gegen das Regal und kichert. Er denkt daran, wie die ganze Schule auf den Schulhof musste. Es war ziemlich kalt. Alle warteten
10 draußen. Ein Mädchen aus der ersten Klasse hat sogar geweint, weil sie vom lauten Tuten so einen Schreck bekommen hatte. Als es schließlich aufhörte, kam der Hausmeister und dann der Rektor. „Nein", sagt Mario, „kein Probealarm. Ein Junge aus meiner Klasse hat einfach auf den
15 Feuermelder gedrückt. Ein paar Mädchen aus der 4a haben ihn sogar dabei gesehen!" Papa legt den Schraubenzieher weg: „Ein Junge aus deiner Klasse? Wie heißt der denn?" Mario muss wieder lachen: „Immer Pascal." „So einen Namen habe ich ja noch nie gehört!", sagt Papa ganz
20 erstaunt. „Den hast du dir doch gerade eben ausgedacht. Ehrlich, Mario, das warst doch hoffentlich nicht du, der den Feueralarm ausgelöst hat?" „Ich doch nicht", ruft Mario ganz empört. „Es war wirklich ‚Immer Pascal'. Den Namen hat er jetzt endgültig bekommen. Unsere Lehrerin hat heu-
25 te gesagt: ‚Das hätte ich mir denken können. Wer macht seine Hausaufgaben meistens nicht? Immer Pascal! Wer sucht noch seinen Füller, wenn alle schon schreiben? Immer Pascal! Wer hat kein Sportzeug? Immer Pascal! Wer tobt in der Klasse herum? Immer Pascal! Und natürlich,
30 wer macht solchen Unsinn? Immer Pascal!'" „So, das Regal ist fertig!" Papa schüttelt den Kopf. „Irgendwie tut er mir Leid."

Der neue Schüler

„Wir haben einen Neuen in der Klasse", sagt Klaus, den Mund voll mit Bratkartoffeln.

„Iss bitte zu Ende, bevor du sprichst!", ermahnt ihn seine Mutter. „Ich verstehe kein Wort."

5 „Wir haben einen Neuen in der Klasse", wiederholt Klaus, „der heißt Bernd."

„Ja und?", fragt die Mutter. „Ist er denn nett?"

„Ich glaube schon", meint Klaus. „Erstens sitzt er neben mir, und zweitens hat er alle Matheaufgaben gekonnt. Un-
10 sere Lehrerin hat gesagt, dass der Bernd ein sehr guter Schüler sei. Von dem könnten wir alle noch was lernen. Und ehrlich, er war heute schneller beim Rechnen als die ganze Klasse."

„Das ist ja toll", sagt die Mutter. „Der könnte dir doch bei
15 den Hausaufgaben helfen! Willst du ihn nicht mal zu uns einladen?"

„In Ordnung", erwidert Klaus. „Das mache ich sofort. Ich ru-fe schnell bei Peter, Karin, Jenny, Goran, Robert und Tur-han an und bei Bernd natürlich!"

20 „Was tust du?", fragt die Mutter. „Ich denke, du wolltest mit Bernd arbeiten?"

„Na klar", meint Klaus, „aber ich brauche die anderen auch. Wie soll Bernd denn sonst die Treppen hochkommen? Er sitzt doch im Rollstuhl!"

Einfache Hausaufgaben

Die Kinder lesen die Hausaufgaben vor. Sie sollten zehn Namen finden. Anna liest vor: „Anna, Susi, Rita, Nina, Peter, Ali, Max, Sven, Lena, Oliver."

5 Nun meldet sich Beate: „Ich habe altmodische Namen gesucht: Berta, Josefine, Friederike, Otto, Brunhilde, Wilhelm, Siegfried, Alice, Gisbert, Fritz."

„Gut," sagt Frau Lehmann, „manchmal werden die alten Namen wieder modern."

Nun meldet sich Robert. Frau Lehmann freut sich, denn oft
10 hat Robert wenig Lust, seine Hausaufgaben zu machen. Robert liest vor: „Schmidt, Schmidt, Schmidt." Er liest immer wieder nur Schmidt. Die Kinder lachen. Robert sagt: „Das war leicht. Ich habe nur aus dem Telefonbuch abgeschrieben."

15 Frau Lehmann muss auch schmunzeln. Sie sagt zu ihm: „Das zeige uns allen einmal. Geh doch bitte in das Schulbüro und hole ein Telefonbuch."

Schnell kommt Robert wieder. Nun sucht er im Telefonbuch nach dem Namen Schmidt. „Hier ist eine lange Reihe
20 nur mit Schmidt!", sagt er.

Frau Lehmann fragt: „Haben diese Leute keine Vornamen?"

Sie zeigt:

        Schmidt, Anton
25   Schmidt, Britta
        Schmidt, C.
        Schmidt, Doris

„Siehst du Robert, auch da stehen die Vornamen. Sonst weiß man nicht, welchen Schmidt man anrufen soll."

Das Mädchen mit dem roten Horn

Am liebsten möchte Manuela eine Prinzessin sein. Prinzessinnen haben viele schöne Kleider. Sie haben lange Locken und eine Krone. Prinzessinnen sind immer wunderschön.

Manuela macht sich auch jeden Morgen schön. Zwar hat
5 sie keine Krone, aber sie bindet sich bunte Bänder in die Haare oder steckt sie mit schönen Spangen zusammen. Manchmal knotet sie sich auch Perlenschnüre in die Haare. Immer aber nimmt sie ihr rotes, dickes Zopfband. Bei so viel Schmuck verknoten sich manchmal die Haare. Das
10 dauert lange beim Auskämmen.

Eines Tages sagt die Mutter: „Jetzt bin ich es leid. Die Haare kommen ab." Da hilft kein Betteln und kein Jammern. Mutter schneidet Manuela die Haare ganz kurz. Nur über der Stirn bleiben ein paar längere Fransen.

15 Traurig steht Manuela am nächsten Morgen vor dem Spiegel. Wie soll sie sich jetzt schön machen? Sie nimmt ihr dickes, rotes Zopfband und bindet die Haare über der Stirn zusammen. Jetzt sehen sie aus wie ein kleines, rotes Horn. Das sieht lustig aus, denkt Manuela. So ein wunderschönes,
20 rotes Horn hat niemand in der Schule. Vergnügt läuft sie los.

Am Schultor stehen schon viele Kinder. Als sie Manuela sehen, prusten sie los. „Mäh, mäh," rufen sie, „Manuela Mähschaf. Du siehst ja völlig verrückt aus." Ein Junge schubst sie ein bisschen: „Na, willst du mich mit deinem
25 Horn aufspießen?" Die großen Mädchen zeigen nur mit dem Finger an die Stirn. Manuela bleibt stehen. Die Kinder lachen ja über sie. Sie finden ihr kleines, rotes Horn nicht schön.

Manuela weint. Ganz langsam nimmt sie das Band aus den
30 Haaren. Sie streicht ihre Haare glatt. Nun sieht sie aus wie alle anderen.

Sie geht als Letzte ins Schulhaus.

Mein Lieblingsbuch

Heute haben die Schüler ihr Lieblingsbuch in die Schule mitgebracht. „Lasst es aber bitte noch in der Tasche!", sagt Frau
Vogel. „Jeder stellt sein Buch vor, und wir versuchen, den Titel zu erraten."

5 Julia beginnt: „Mein Buch handelt von einem sehr starken
und lustigen Mädchen. Sie wohnt in einer Villa zusammen
mit einem Affen und einem Pferd. Das Mädchen kümmert
sich überhaupt nicht darum, was man machen soll. So
schläft sie mit den Füßen auf dem Kopfkissen. Sie geht auch
10 nicht in die Schule. Sie kann machen, was sie will. Der Vater
ist ein Pirat und hat dem Mädchen eine große Kiste mit Gold-
stücken gegeben."

Schnell haben die Schüler den Namen für dieses Buch gefunden.

15 Nun ist Niels an der Reihe: „Mein Buch ist auch sehr lustig.
Ein kleiner Junge hat einen ganz besonderen Freund. Er ist
klein und ein wenig dick, weil er am liebsten viele Klößchen
isst. Er wohnt auf dem Dach. Auf dem Rücken hat er einen
Propeller, mit dem er fliegen kann. Die Erwachsenen ärgert
20 er mit vielen Streichen."

Den meisten Schülern ist auch dieses Buch bekannt.

Felix erzählt jetzt von seinem Lieblingsbuch: „Mein Buch
handelt von einer Person, die schon 127 Jahre alt ist. Sie
wohnt in einem kleinen Häuschen, zusammen mit ihrem
25 Freund, dem Raben Abraxas. Sie besitzt einen Besen, auf
dem sie durch die Luft reiten kann. Aus einem dicken Buch
lernt sie den ganzen Tag, aber nichts gelingt ihr richtig. Einmal will sie zum Beispiel Regen machen, aber dann fällt But-
termilch vom Himmel."

30 Miriam freut sich, weil dieses Buch zu ihren Lieblingsbüchern
gehört. Sie nennt den Namen. Dann darf sie eines vorstellen.

„Mein Buch ist spannend. Ein Junge liest gerne Gruselge-schichten. Eines Nachts sitzt auf seiner Fensterbank eine kleine Person. Sie trägt ein langes schwarzes Gewand und
35 ihre Eckzähne sind etwas länger. Die Person ist sehr freund-lich und bringt dem Jungen das Fliegen bei. In der Nacht er-leben sie zusammen viele Abenteuer."

Sonja kennt dieses Buch auch.

Nun ist sie dran: „Mein Buch handelt von einem kleinen Ko-
40 bold. Er hat rote Haare, aber er kann sich auch unsichtbar machen. Er wohnt bei einem Tischler, der ihm ein kleines Bettchen und eine Schaukel gebaut hat. Jeden Tag stellt der Kobold allerhand Unsinn an. Das ist sehr zum Lachen."

Als alle Schüler ihre Bücher vorgestellt haben, muss Frau
45 Vogel erzählen, welches Buch sie als Kind besonders gern gelesen hat. Die Lehrerin lächelt und sagt: „Ich habe ein Buch mitgebracht, das früher zu meinen Lieblingsbüchern gehörte. Auch in meinem Buch kommt eine Person vor, die kein Mensch ist, die aber lebendig wird. Sie ist aus einem
50 Stück Pinienholz geschnitzt und hat eine lange Nase."

Die Schüler freuen sich, dass alle dieses Buch kennen.

Natürlich möchten sie nun, dass Frau Vogel eine Geschichte daraus vorliest. Das tut sie auch. Alle machen es sich gemüt-lich und hören dem spannenden Abenteuer aufmerksam zu.

Paul macht einen Witz

Die Mathematikstunde ist fast vorbei. Alle Schüler haben gut gearbeitet. Herr Müller ist sehr zufrieden. Er ist durch die Bankreihen gegangen und hat unter jedes Heft ein Häkchen machen können. Das heißt: alles in Ordnung.

5 „Dürfen wir bis zum Klingeln ein bisschen spielen?", fragt nun Max. „Bitte, Herr Müller, wir wollen das Witze-Spiel machen!", rufen einige Schüler.

Heute lässt sich der Lehrer natürlich ganz schnell überzeugen, denn die Klasse war ja auch besonders fleißig gewe-
10 sen. Schnell werden die Stühle in den Kreis gerückt. Andreas holt den weichen Stoffball. Herr Müller erinnert an die Spielregel. Der Ball wird einem Schüler oder einer Schülerin zugeworfen. Dann heißt es fangen und einen Witz erzählen, danach den Ball einem anderen Mitspieler
15 zuwerfen. Wer nicht aufpasst, den Ball nicht fängt oder keinen Witz erzählen kann, muss ein Pfand abgeben.

Das Einlösen der Pfänder macht eigentlich auch Spaß. Die Schüler schreiben für jedes Pfand zu Hause einen Witz für die Klassenkartei auf. Das gibt viel Gelächter, wenn die
20 dann vorgelesen werden.

„Achtung", ruft Herr Müller, „es geht los!" Schon wirft er den Ball zu Max, der ihn auch sofort fängt. „Hört zu!", sagt Max, der sich freut, als Erster erzählen zu dürfen.

„Fritzchen öffnet in der Musikstunde seinen Geigenkasten
25 und nimmt eine Maschinenpistole heraus. ‚Du meine Güte!', ruft er entsetzt, ‚jetzt steht mein Vater mit der Geige in der Bank!'"

Alle Kinder lachen und schon fliegt der Ball zu Petra. Auch sie hat gut aufgepasst und kann einen Witz erzählen.

30 „Kommt ein Mann in den Fleischerladen. ‚Na Meister‘, sagt
er, ‚haben Sie heute Eisbeine?‘ Der Fleischer nickt zustim-
mend. ‚Dann müssen Sie warme Socken anziehen!‘, rät der
Mann und geht.“

Den Witz kannten die Kinder schon, aber trotzdem müssen
35 sie darüber lachen. Nun fängt Paul den Ball. Paul hat zwar
zugehört, doch ihm fällt heute überhaupt kein Witz ein. Ein
Pfand will er aber auch nicht abgeben. „Paul, du bist dran!“,
ruft die ganze Klasse.

Endlich öffnet Paul seinen Mund und beginnt ganz lang-
40 sam: „Es war einmal ein Mann, der sollte einen Witz erzählen, weil er keinen wusste, fragte er seine Frau, weil die
keinen wusste, fragte sie ihre Kinder, weil die keinen ...“

„Erzähl bitte einen richtigen Witz, oder gib ein Pfand ab!“,
mischt sich Herr Müller sehr energisch ein. „Moment mal“,
45 sagt Paul beruhigend, „ich bin doch noch nicht zu Ende mit
meinem Witz.“ Dann fährt er fort: „... weil die keinen wus-
sten, fragten sie ihren Lehrer. Der wusste selbstverständ-
lich einen Witz und erzählte ihn den Kindern. Die gaben ihn
an ihre Mutter weiter, die erzählte ihn ihrem Mann ...“

50 „Soll das ein Witz sein? Wo ist da die Pointe?“, fragt der
Lehrer, der inzwischen doch etwas wütend geworden ist.
„Genau das hat der Mann auch gesagt!“, erwidert Paul mit
ganz ernsthaftem Gesicht.

Einige Kinder fangen an zu lachen, anderen bleibt der
55 Mund offen stehen bei so viel Frechheit.

„Mein lieber Paul, du gibst ein Pfand ab. Morgen hören wir
von dir einen guten Witz!“, sagt Herr Müller.

Jetzt ist Paul aber doch sehr froh, dass es gerade klingelt.

Nebel

„Vati musste heute schon früher los", sagt die Mutter, als Verena zum Frühstück in die Küche kommt. „Er ist mit der S-Bahn gefahren." „Dann kannst du mich doch mit dem Auto zur Schule bringen", bittet Verena. „Auf gar keinen
5 Fall", sagt die Mutter entschieden. „Guck mal aus dem Fenster. Man kann draußen kaum die Hand vor Augen erkennen. Sichtweiten unter zwanzig Meter haben sie im Radio gesagt. Bei solchem Nebel fahre ich doch nicht mit dem Auto." Verena trinkt ihren Kakao. Sie findet Nebel
10 schön. Schnell isst sie ihr Brot, nimmt die Schultasche, sagt tschüss, und schon ist sie draußen. Ihre Mutter ruft noch etwas hinterher, aber Verena hat es eilig.

Vor der Haustür bleibt sie stehen. Die Straße sieht ganz fremd aus. Häuser, Bäume und die parkenden Autos auf
15 der anderen Seite sind verschwunden. Nach einigen Metern kann Verena die eigene Haustür nicht mehr erkennen. Auf der Straße ist kaum Verkehr. Nur ein Auto fährt ganz langsam an ihr vorbei. Die hellen Scheinwerfer machen den Nebel noch dichter. Ob der Fahrer überhaupt et-
20 was sehen kann?

Verena geht weiter. Jetzt müsste sie am blauen Haus sein. Sie blickt sich suchend um. Da merkt sie, dass sie genau davor steht. Im Nebel sieht es fast grau aus. Bald muss sie zur Schule abbiegen. Fast wäre sie an der
25 Straßenecke vorbeigelaufen. Der Nebel ist immer noch dicht. Alles ist leise. Im Augenblick ist Verena ganz allein auf der Straße. Sie blickt sich um. Nein, da hinten taucht eine Gestalt aus den Nebelschwaden auf. Seltsam. Verenas Herz klopft. Ihre Beine laufen wie von selbst schnel-
30 ler. Sie blickt noch einmal zurück. Die Gestalt läuft auch schneller, sie hebt den Arm. Nun rennt Verena los, schnell, nur schnell.

Ruft da jemand? Verena hört nicht hin. Sie will nur noch zur
Schule. Da sind die anderen Kinder. Endlich tauchen aus
35 dem Nebel die Schülerlotsen auf. Ihre Umhänge kann man
gut erkennen. Verena atmet auf und geht langsamer. In Si-
cherheit.

Da hört sie ihren Namen. Erstaunt dreht sie sich um. Ganz
außer Atem kommt ihre Mutter auf sie zu. „Ich laufe die
40 ganze Zeit hinter dir her, rufe, und du rennst wie wild los.
Du hast dein Sportzeug vergessen! Warum hattest du es
bloß so eilig?" Verena zieht die Schultern hoch, lacht und
denkt: Ja, warum hatte ich es so eilig?

Regen

Plötzlich klopfen dicke Tropfen
auf das Dach. Welch ein Krach!
Wassersegen bringt der Regen,
feuchte Mützen, viele Pfützen.
5 Alle schnell nach Hause flitzen.
Plitsche, platsche, plitsche, platsch!
Ohne Schirm wirst du ganz klatsch-
nass bis auf die Haut.
Plitsche, platsche, plitsche, platsch!
10 Auch die Schuhe werden klatsch-
nass und quietschen laut.

Auf der Straße

Auf der Straße hin und her
fahren Autos, täglich mehr.
Bei hohem Tempo, wie ihr wisst,
äußerst lang der Bremsweg ist.

Dieses Wissen soll euch schützen!
Niemals auf die Fahrbahn flitzen!
Auch an Ampeln prüft vorm Gehen,
ob die Fahrzeuge auch stehen.

Nehmt den Walkman von den Ohren,
die Musik geht nicht verloren!
Im stillen Park mag sie betören,
hier müsst ihr das Hupen hören!

Wer sein Fahrrad nicht nur schiebt,
hält in Ordnung, was er liebt.
Bremsen, Reifen, Klingel, Licht
sind okay, sonst fahrt ihr nicht!

Fahren Laster um die Ecken,
haltet an, denn sie entdecken
euch im Spiegel öfter nicht!
Der tote Winkel nimmt die Sicht!

Skates und Skateboard fährt man nie
ohne Schutz für Kopf, Arm, Knie.
Lernt das Bremsen, denkt daran:
Hängt euch nie an Wagen an!

Kenner fahren nur an Plätzen,
wo sie niemanden verletzen.
Besser lebt es sich bestimmt,
wenn ein jeder Rücksicht nimmt.

Rücksicht, Vorsicht das sind Schwestern,
hochmodern und nicht von gestern.
Dass sie leben auch noch morgen,
dafür habt ihr mitzusorgen.

Jahreszeiten und Feste

Die Jahreszeiten

Im Winter friert so manch ein Wurm,
das Frühjahr bringt den ersten Sturm,
der Sommer ist oft heiß und trocken,
der Herbst verlangt schon warme Socken.

Schon wieder kommt ein neues Jahr,
dann ist es Winter, das ist klar.
Frühjahr und Sommer stehn dahinter,
der Herbst folgt dann, noch vor dem Winter.

Ganz einfach ist es, wenn man weiß,
die Jahreszeiten gehn im Kreis.
So füllen sie dann Jahr um Jahr,
das ist und bleibt für immer wahr.

Wie lang ist die Zeit?

Ein Kind hörte seine Mutter sagen: „Jetzt hat der Herbst gerade angefangen, und schon muss ich wieder an Weihnachten denken. Die Monate rasen vorbei. Für mich ist die Zeit immer zu kurz."

5 Es hörte seinen Vater sagen: „Ich bekomme erst Weihnachten wieder Urlaub. Das dauert ja noch Monate. Ich bin jetzt schon so kaputt. Diesmal wird mir die Zeit aber sehr lang werden."
Da fragte sich das Kind ganz erstaunt: „Wie ist die Zeit? Ist sie nun lang oder kurz?"

10 Es ging zur Oma in die Küche. „Keine Zeit", wehrte sie jedes Gespräch ab. „Um ein Uhr wollen wir essen. Da muss ich mich mit dem Kochen beeilen. Alles soll doch pünktlich fertig sein." Noch eine ganze Stunde bis zum Mittag, dachte das Kind. So lange noch? Bis dahin bin ich bestimmt verhungert!

15 Es ging zum Opa in den Garten. „Willst du mir beim Streichen helfen?", fragte er. „Vier Hände schaffen mehr als zwei. Dann sind wir schneller fertig."
Als die Oma rief, waren sie noch immer in ihre Arbeit vertieft. „Schon ein Uhr", sagte das Kind ganz erstaunt, „die Stunde ist
20 aber schnell vergangen." „Wir kommen gleich", rief der Opa, „noch ein paar Minuten Geduld bitte, dann ist der Zaun fertig." Zwanzig Minuten später gingen sie stolz und hungrig zum Mittagessen.
Jetzt war die Oma wütend: „Ich habe das Essen pünktlich fer-
25 tig, und ihr lasst mich stundenlang warten." „Stundenlang?", erwiderte der Opa ganz empört. „Es waren genau zwanzig Minuten, Martha!" „Die paar Minuten, Oma", bekräftigte das Kind, „das ist doch nur eine ganz kurze Zeit gewesen."
„Zu lange, wenn man Essen warm halten muss", sagte die
30 Oma. „Komisch", dachte das Kind laut, „ob die Zeit lang oder kurz ist, das ist für jeden anders! Wie gut, dass es Uhren gibt!" „Dann schaut auch beim nächsten Mal darauf", meinte die Oma, die wie immer das letzte Wort hatte.

Frühling

Noch gestern war der Morgen kalt,
es fiel der letzte Schnee.
Wie ist die Luft heut lau, und bald
taut auf der tiefe See.

Dann färben sich die Felder grün,
und Knospen werden sprießen.
Die ersten Krokusse schon kühn
durch harte Erde stießen.

Du, Sonne, es ist an der Zeit,
nun zeige dein Gesicht.
Gib dieser Welt die Heiterkeit
aus Farben und aus Licht.

Vertreibe doch den Winter ganz,
und wecke sanft den Flieder.
Gib jedem Morgen deinen Glanz
und allen Amseln Lieder.

Sommer

Im Schatten liegend bin ich still.
Über mir der Himmel will
sein tiefstes Blau heut malen.

Die Erde schweigt. Kein Windhauch geht.
Nur hoch und rund die Sonne steht
und sendet goldne Strahlen.

Es streichelt mich das duftend Gras.
Auf einem Zweig ein Vogel saß,
nun steigt er in die Luft.

Ich träume in den Tag hinein.
Rot steht der Mohn am Feldesrain.
Fernab ein Kuckuck ruft.

Herbstlied

Seht das Laub fällt von den Bäumen.
Rot und gelb schwebt's durch die Luft.
Noch könnt ihr im Garten träumen.
Pflückt die Früchte von den Bäumen,
riecht der Pilze schweren Duft!

So, nun lasst die Drachen steigen,
denn es weht schon starker Wind.
Und die Drachen wolln uns zeigen,
wie sie endlos höher steigen,
bis den Wolken nah sie sind.

Ach, ich würd' so gerne fliegen
mit den Drachen übers Feld.
Hoch im Winde mich dann wiegen,
möchte schweben, möchte fliegen
über diese bunte Welt.

Herr Winter

Herr Winter, sei ein netter Mann,
und bringe uns den Schnee,
so dass man Schlitten fahren kann,
danach gibt's heißen Tee.

Herr Winter, sei ein netter Mann,
und bringe uns das Eis
für eine schöne Schlittschuhbahn,
dann laufen wir mit Fleiß.

Herr Winter, sei ein netter Mann,
und bringe uns den Frost.
Der Opa macht den Ofen an,
legt Äpfel auf den Rost.

Herr Winter, sei ein netter Mann,
und lass das kalte Pusten,
denn spielen können wir nur dann,
wenn wir nicht dauernd husten.

Das Osterwasser

„Fertig!", ruft Leonie und betrachtet zufrieden die bunt bemalten Ostereier. „Wirklich schön", bestätigt der Vater. Das haben wir beide gut gemacht. Obwohl ich ja eigentlich noch ein Anfänger bin." „Siehst du", erwidert Leonie, „man lernt immer wieder etwas Neues. Aber sag mal Papa, hast du als Kind denn nie Ostereier bemalt?"

„Nein", erwidert der Vater, „das war die Aufgabe meiner Großmutter. Das Osterfest haben meine Geschwister und ich immer bei den Großeltern auf dem Land verbracht." Jetzt muss Leonie überlegen. „Deine Großeltern waren doch meine Urgroßeltern, nicht wahr? Und die wollten nicht, dass ihr Kinder beim Malen helft?" Leonie ist ganz empört.

„Das darfst du nicht falsch verstehen", erklärt der Vater geduldig. „Zu Ostern wurden Eier nicht so bunt bemalt, wie heute. Erstens gab es noch keine Farbstifte wie wir sie inzwischen haben. Zweitens wurden Ostereier nur rot eingefärbt." Jetzt ist Leonie doch erstaunt. „Warum nur rot? War denn Blau und Grün noch nicht erfunden?" Nun muss der Vater lachen. „Natürlich kannte man alle Farben. Rot galt jedoch als Farbe des Glücks. Rote Eier wurden zum Fest als Glücksbringer verschenkt. Meine Großmutter hat sie übrigens nach dem Kochen in Rote Bete eingelegt. Nach kurzer Zeit hatten die Eier eine tiefrote Farbe angenommen. Zum Schluss wurden sie noch mit Speckschwarte abgerieben. Dadurch bekamen sie einen wunderschönen Glanz." „Erzähl noch mehr von Ostern damals", bittet Leonie nun ihren Vater. „Gern", antwortet er, „denn da ist noch diese merkwürdige Sache mit dem Osterwasser. Die muss ich dir berichten. Mein Großvater ging am Ostersonntag ganz früh von zu Hause los, um dieses Wasser zu holen. Vom Osterwasser dachte man, es könne heilen. Es wurde vor Sonnenaufgang aus dem Bach geschöpft. Dabei galten aber ganz strenge Regeln. Derjenige, der das Wasser holte, musste über sieben Zäune steigen. Er durfte nicht ein einziges Wort dabei sprechen. Auch

35 Lachen war verboten. Wenn man beim Holen gelacht oder gesprochen hatte, wurde es Quasselwasser ohne jede Heilkraft. Ganz wichtig war, dass der Bach noch keinen Sonnenstrahl gesehen hatte. Mein Großvater hat seine Aufgabe immer sehr ernst genommen. An einem Ostermorgen sind wir
40 Kinder einmal vor Morgengrauen aufgestanden, um den Opa am Bach zu überraschen. Natürlich wollten wir ihn dort zum Lachen bringen. Aber das haben wir nur ein einziges Mal versucht. Er hat uns nämlich so streng angesehen, dass wir blitzschnell und schweigend in den Büschen verschwunden
45 sind. Leider hat der Opa dann den ganzen Tag nicht mehr mit uns gesprochen." „Du, Papa", fragt Leonie ganz neugierig, „kann Osterwasser wirklich heilen?" „Die Menschen haben es damals geglaubt", erwidert der Vater. „Es ist ein uralter Brauch gewesen. Ganz sicher würde ich heute kein Wasser
50 mehr aus einem Bach trinken. Auch nicht am Osterfest. Aber bei dem Stichwort fällt mir ein, dass es Zeit für dich ist, ins Bett zu gehen. Denn morgen wollen wir beide Ostern feiern." Leonie geht in ihr Zimmer. Sie nimmt sich vor, ganz früh aufzustehen. Ich werde es mal mit dem Wasser aus der Leitung
55 probieren, denkt sie. Die Sache mit den Zäunen wird allerdings schwierig. Aber dann fällt ihr ein, dass sie ja auch siebenmal über einen Stuhl steigen kann. Für Osterwasser muss das reichen. „Nur nicht reden oder lachen", ermahnt sie sich selber. Schon ist sie eingeschlafen.

Zum Muttertag

Heute ist der Muttertag.
Weil ich meine Mutter mag,
freu ich mich auf ihr Gesicht,
wenn sie zuhört beim Gedicht.

Heute ist der Muttertag.
Weil mich meine Mutter mag,
zieht sie auch kein bös' Gesicht,
wenn ich stocke beim Gedicht.

Heute ist der Muttertag.
Was auch meine Mutter mag,
ist ein freundliches Gesicht,
das zählt mehr als ein Gedicht.

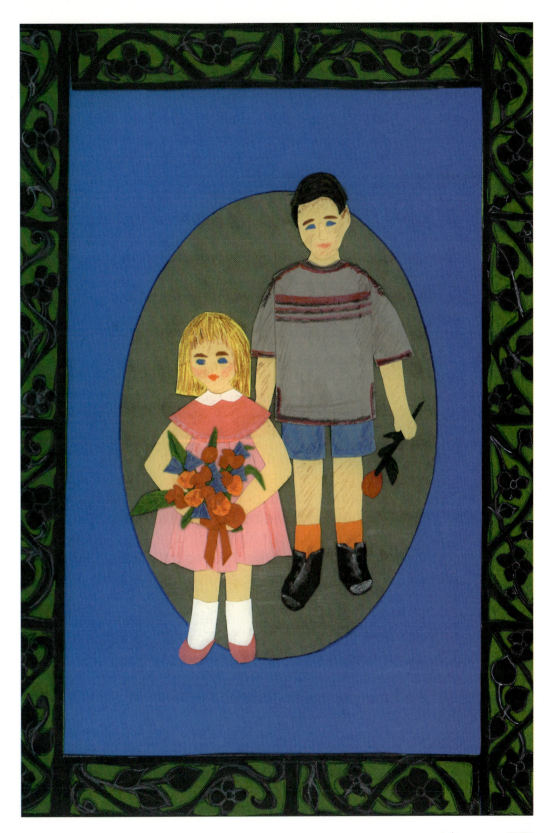

57

Gestern, heute, morgen

Als Stefan am Morgen aufwacht, weiß er, heute ist ein ganz besonderer Tag. Vor Erwartung kribbelt es in seinem Bauch. Er kann keine Sekunde länger liegen bleiben. Gerade als er aus dem Bett springen will, geht die Tür auf. Seine Mutter guckt ins Zimmer und ruft: „Herzlichen Glückwunsch zum Geburtstag. Komm schnell zum Frühstück!"

Wie hatte er auf diesen Tag gewartet. Vorgestern war schon seine Oma zu Besuch gekommen. Sie wollte eine Woche bleiben. „Na", hatte sie gesagt, „kannst du das Warten auf deinen Geburtstag noch aushalten? Aber du musst ja nur noch zweimal schlafen." Stefan hatte ein bisschen verlegen geguckt. Er war doch kein Baby mehr. Er wusste schon lange, dass man übermorgen sagt, wenn es nur noch zwei Tage dauert. Übermorgen, fand er, war überhaupt ein schönes Wort: Man denkt einfach, dass man bloß über einen Tag springen muss, und schon ist heute.

Stefans Geburtstag ist wirklich so, wie er es sich gewünscht hatte. Er bekommt viele Geschenke. Am Morgen, in der Schule singen alle Kinder für ihn ein Geburtstagslied. Er braucht natürlich keine Hausaufgaben zu machen. Mittags gibt es sein Lieblingsessen: Bratwurst mit Kartoffelbrei. *Eine Bratwurst rund um den Teller* hatte er sich gewünscht. Aber so viel kann auch ein Geburtstagskind nicht essen. Nachmittags kommen seine Freunde. Sie lassen sich den Kuchen schmecken und spielen zusammen. Nach der Arbeit spielt auch sein Vater mit. Das macht noch mehr Spaß. Seine Freunde finden das auch. „Dein Vater ist richtig nett", sagen sie zum Abschied.

Abends sitzt die ganze Familie zusammen. Da wird Stefan plötzlich traurig. Jetzt ist sein Geburtstag fast schon vorbei.

Seine Mutter sieht ihn an: „Was ist denn mit dir los. Du siehst ja so bedrückt aus. War es denn heute nicht schön?" „Doch", sagt Stefan, „sehr, sehr schön." Er merkt, dass er

35 gleich weinen wird, obwohl er doch schon zehn Jahre alt ist. Er schluckt und schluckt. Schließlich sagt er: „Es, es ist so schade. Morgen, morgen ist der heutige Tag doch schon gestern.

„Mein Schatz", sagt seine Mutter, „das musst du mir jetzt
40 aber mal genauer erklären."

59

In Opas Garten

Mein Opa hat einen schönen Garten. Rosen ranken am Zaun. Am Gartentor stehen im Sommer große Sonnenblumen. In Opas Garten blühen viele Blumen für seine Bienen. Aber es gibt auch Salat, Gurken und Tomaten. Im Herbst kann Opa sogar Kartoffeln ernten.

Wenn ich meinen Opa im Garten besuche, dann helfe ich ihm. Ich darf Blumen und Gemüse gießen. „Da kannst du eigentlich nichts verkehrt machen", lacht Opa. Oma sagt dann zu ihm: „Nun lass doch. Er gibt sich immer solche Mühe. Bloß weil er einmal unreife Brombeeren geerntet hat! Musst du ihn immer daran erinnern? Da war er noch so klein!" Heute lache ich auch darüber.

Nun weiß ich schon, was man ernten darf. Wenn die Kirschen reif sind, kann ich sogar auf den Baum klettern und sie pflücken. Oma arbeitet nicht im Garten. Sie hat auch so den ganzen Tag zu tun.

Wenn ich Hunger habe, macht Oma mein Lieblingsessen: Gurkensalat und Butterbrot. Manchmal gibt es auch Brot mit dem Honig von Opas Bienen. Opa isst lieber ein Wurstbrot.

Abends, wenn die Sonne hinter den großen Bäumen verschwindet und es kühler wird, geht Oma schlafen.

Opa und ich aber sitzen noch lange auf der Bank vor dem Haus und warten, bis es ganz dunkel ist.

Der erste Schnee

Es ist kurz vor acht Uhr. Fast alle Kinder sind schon im Klassenraum versammelt. Draußen ist es noch ziemlich dunkel. Silvia schaut sich zufrieden um. Auf den hohen Regalen stehen viele lustige Tiere und Männchen. Den ganzen Oktober über haben die Schüler mit Kastanien und Eicheln gebastelt. Die Lehrerin hat ihnen gezeigt, was man alles daraus machen kann. Man braucht nur noch Zahnstocher, etwas Papier, Schnur, Klebstoff und viele gute Einfälle. Silvia ist besonders stolz auf ihr Schweinchen Dick. Sie hat eine große Kastanie als Bauch genommen, eine kleine für den Kopf. Ohren, Augen und die kleine Schnauze hat sie aus Papier geformt und aufgeklebt. Sie steckte vier Hölzchen für die Beine in die große Kastanie. Zum Schluss wurde noch ein Ringelschwänzchen aus Bindfaden angeklebt. Das sieht sehr lustig aus, findet Silvia. Die vielen Hunde, Bären, Schafe und Männlein gefallen ihr auch gut. Am liebsten würde Silvia im ganzen Schuljahr nur basteln. Da ist Frau Meyer jedoch anderer Meinung. „Erst wird geschrieben und gerechnet", sagt sie immer.

Alle Schüler haben jeden Tag Kastanien und Eicheln mit in die Schule gebracht. Marcel ist immer besonders früh von zu Hause losgegangen, um als Erster unter den großen Bäumen zu sammeln. Einmal ist er in die Schule gekommen, die Schultasche randvoll mit den Früchten. Er hat sie ganz stolz Frau Meyer auf den Lehrertisch geschüttet.

„Und wo sind deine Hefte, deine Stifte, die Schulbücher?", hat sie ganz erstaunt gefragt. „Die mussten leider zu Hause bleiben", hat Marcel erklärt, „sonst hätte ich doch nicht die vielen Kastanien mitbringen können." Schreiben und rechnen musste Marcel dann doch, die Lehrerin hat ihm ausnahmsweise mit Papier und Stiften ausgeholfen. „Das ist nun der Dank für so viel Mühe", hat er noch gemurmelt.

Eben klingelt es zum Unterricht und Frau Meyer betritt die Klasse, die Diktathefte unter dem Arm. Silvia setzt sich auf ihren Platz am Fenster. „Schaut doch mal alle raus!", ruft sie plötzlich ganz aufgeregt. „Es schneit!" Für einen Augenblick vergisst auch Frau Meyer ihr Diktat. Draußen fallen tatsächlich die ersten Schneeflocken.

Frohe Weihnacht

Einen großen Tannenbaum
konnt' ich durch den Türspalt sehn,
sah zwei Engel dort im Raum,
die ihn schmückten wunderschön.

Goldne Kugeln, rote Herzen
hängten sie an alle Zweige,
steckten auch noch viele Kerzen,
damit Lichterglanz sich zeige.

Die zwei Engel gingen fort,
als mich leise Glöckchen riefen,
doch ich sah, wie sie von dort
schnell zu dir nach Hause liefen.

Frohe Weihnacht hier auf Erden
wünschen uns die Engel heut.
Möge dieses Fest so werden,
dass es jedem bringe Freud!

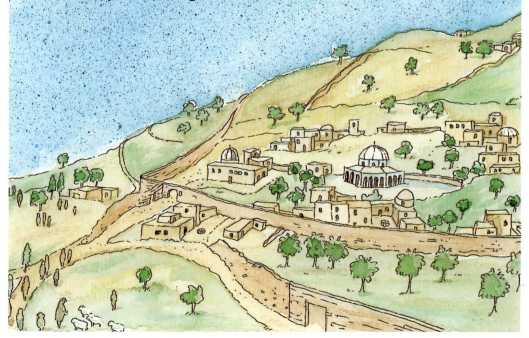

Wünsche zu Weihnachten

Am liebsten ist Steffi allein in ihrem Zimmer und bastelt oder baut. Dann sitzt sie am Tisch, schneidet und klebt, so dass schöne Dinge entstehen. Besonders gern baut sie mit ihren kleinen Steckbausteinen. Damit hat sie gerade ein
5 großes Haus zusammengesetzt, mit mehreren Etagen, Fenstern, Türen und einem spitzen Dach. Nun möchte sie gerne noch Lampen anbringen, die richtig leuchten. An die eine Seite des Hauses soll ein Fahrstuhl, der auf und ab fahren kann. Aber das ist mit den Bausteinen, die sie hat,
10 leider nicht zu machen.

Neulich war Steffi mit ihrer Mutter im Kaufhaus. Sie haben eine warme Jacke gekauft. Dann sind sie in die Spielzeugabteilung gegangen, und Steffi hat genau diesen Technik-Baukasten gesehen, den sie braucht, um eine Lichtanlage und einen
15 nen Fahrstuhl bauen zu können. Von allen Seiten hat sie sich den Karton angesehen und dabei die Modelle betrachtet, die man nachbauen kann. Diesen Kasten wünscht sich Steffi zu Weihnachten! Sie muss immer daran denken, ob sie ihn wohl bekommt.

20 Am Sonntag will die Oma nachmittags zum Kaffee kommen. Die dritte Kerze am Adventskranz soll angezündet werden. Dann werden sie zusammen Weihnachtssterne basteln. Die Familie deckt den Tisch. Der Vater bittet Steffi, eine neue Weihnachtsdecke aus dem Wäscheschrank zu holen. Sie öff-
25 net die Tür. Im Schrank sieht sie eine Tüte. Nanu, denkt Steffi, die gehört doch gar nicht hierher. Sie erkennt die Umrisse eines Kartons. Das ist bestimmt mein Weihnachtsgeschenk, denkt sie, genauso groß ist auch der Karton des Technik-Baukastens. Steffi freut sich schon, doch da sieht sie das Bild auf
30 dem Karton: Es ist ein Webrahmen! Schnell macht sie den Schrank wieder zu. Sie hat plötzlich einen Kloß im Hals: Ein Webrahmen und kein Baukasten!

Am nächsten Tag fasst sie sich ein Herz. Sie sagt zu ihrer Mutter: „Ein Webrahmen zu Weihnachten wäre auch nicht schlecht." Dabei hat sie wieder den Kloß im Hals. Die Mutter schaut sie sonderbar an und antwortet nur: „So, so."

Heiligabend überreicht Steffi ihre Geschenke, die sie alle selbst gebastelt hat. Gespannt werden sie ausgewickelt. Die Mutter bekommt einen verzierten Zettelkasten, der Vater ein Mobile mit kleinen Vögeln und die Schwester einen Rausch-goldengel. Alle finden ihre Geschenke wunderschön, und darüber freut sich Steffi sehr. „Nun pack auch du dein Geschenk aus!", sagt die Mutter. Steffi steht immer noch vor dem Karton. Auf einmal hört sie ihre Schwester rufen: „Prima, diesen Webrahmen wollte ich haben!" Nun ist Steffi plötzlich aufgeregt. Schnell wickelt sie das Papier von ihrem Geschenk ab. Da ist er, der Technik-Baukasten!

Der letzte Tag im Jahr

Wenn Weihnachten vorbei ist, sagt Mutti immer: „Genug gefeiert, jetzt muss endlich wieder Alltag sein! Silvester lassen wir es diesmal ganz ruhig angehen." Aber das sagt sie in jedem Jahr.

5 „Du machst dir auch immer zu viel Arbeit", meint Vati dann. „Würstchen und Kartoffelsalat sind auch was Feines. Das krieg ich auch hin. Vielleicht helfen die Kinder mir?"

„Da bin ich aber gespannt", sagt Mutti. „Meine Eltern kommen doch."

10 „Dann machen wir den Kartoffelsalat eben nach dem Rezept deiner Mutter", erwidert Vati und lacht. „Früher habe ich den besonders gerne gegessen. Den gab's immer, wenn ich dich zu Hause abgeholt habe." Mutti lacht nun auch, weil sie sich erinnert. Aber ein bisschen beleidigt ist

15 sie doch. Denn auf ihr Rezept lässt sie nichts kommen.

Mein Bruder und ich helfen Vati dann tatsächlich ganz viel. Schon am Nachmittag ist alles fertig. Bis auf die Küche. Die sieht toll aus. Aber dann kommt Oma, bindet sich eine Schürze um und macht schnell „klar Schiff". So nennt Oma

20 es, wenn sie putzt. Vati deckt inzwischen den Tisch. Dazu hat er das gute Sonntagsgeschirr aus dem Schrank geholt. Zum Schluss legt er Servietten neben die Teller. Und zwar genau die, die wir noch von Muttis Geburtstag im Sommer übrig hatten. Da sind lauter Rosen aufgedruckt. „Ob die

25 wohl zu Silvester passen?", fragen wir Vati etwas verblüfft.

Unser Silvesteressen ist später ein voller Erfolg. „Der Kartoffelsalat schmeckt ja einmalig gut, viel besser als meiner", sagt Oma. „Habt ihr ein neues Rezept?" Da gucken wir uns alle an und müssen lachen.

30 Nach dem Essen sitzen wir gemütlich im Wohnzimmer zusammen. Die Großeltern erzählen ganz viel von früher.

„Womit haben wir es eigentlich verdient, dass es uns so gut geht!", sagt Opa. Das sagt er nämlich immer, wenn er sich wohl fühlt.

35 Um Mitternacht geben wir uns alle einen Kuss und rufen: „Ein glückliches neues Jahr."

Draußen ist gerade die Knallerei losgegangen. Oma hält sich die Ohren zu. Sie hat Tränen in den Augen. Da nimmt Opa sie in den Arm. „Dieses fürchterliche Geknalle erinnert
40 uns immer wieder an den Krieg", erklärt er. „Wer das erleben musste, kann keinen Spaß mehr daran finden!"

„Seht ihr", sagt Vati nachdenklich, „meine Servietten waren doch richtig – Rosen statt Raketen."

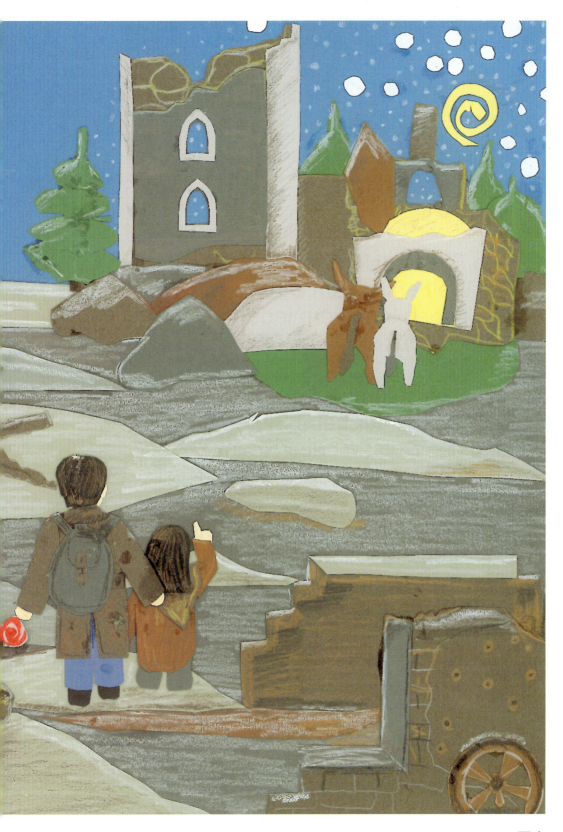

Gebet

Gib Frieden Herr, gib Frieden,
die Welt erstickt im Streit.
Wir haben lang vermieden,
zu bitten für die Zeit.

Lass wachsen am verdorrten Baum
den Zweig, der neue Blüten hält,
und aus Ruinen baue Raum
für alle Menschen dieser Welt.

Und setze uns den größten Stern,
wir fürchten sonst die Nacht.
Den Krieg halte vom Leben fern,
von Kriegern auch die Macht.

Rund um die Welt

74

75

Der Globus

Lenni sitzt an seinem Schreibtisch. Er hat seine Hausaufgaben gemacht. Die Sonne geht unter. Langsam wird es im Zimmer dunkel. Er macht Licht an. Es ist ein besonderes Licht: Auf seinem Tisch steht ein großer Globus. Man kann

5 ihn drehen. Aber das Beste ist, man kann ihn beleuchten. Nun gibt er ein geheimnisvolles Licht. Die Wand schimmert blau und weiß. Die Schrift auf dem Globus kann man gut lesen.

Lenni schaut sich gern das Meer an und die Berge. Er

10 macht sich auf die Reise in unbekannte und ferne Länder. Dann fliegt er mit seinem Finger auch zu kleinen Inseln. Heute Abend hat er Hawaii gefunden. Dort muss es sehr schön sein, denkt er. Wenn ich dort bin, dann liege ich am Strand und höre die Wellen rauschen. In einer Schublade

15 seines Schreibtisches liegt eine große Muschel. Er holt sie hervor. Sie fühlt sich kühl und glatt an und glänzt weißlich. Er hält sie an das Ohr. Nun hört er wirklich das Rauschen des Meeres. „Wenn ich dann am Strand liege, sehe ich über mir große Palmen mit bunten Vögeln. Wenn ich Hunger ha-

20 be, esse ich eine Ananas. Auf Hawaii gibt es bestimmt bergeweise Ananas, und ich trinke Ananassaft, wenn ich Durst habe." Ananassaft mag er nämlich besonders gerne.

Plötzlich hört er eine Stimme: „Das Abendbrot ist fertig!" Nanu, ist die Mutter auch auf Hawaii? Die Tür geht auf, die

25 Mutter kommt herein. „Träumst du?" „Nein", sagt Lenni, „ich bin auf einem kurzen Abstecher nach Hawaii." „Schade, aber dann kannst du meinen Kartoffelsalat mit Würstchen natürlich nicht essen. Den kann ich ja schlecht nach Hawaii schicken." Für Kartoffelsalat mit Würstchen lässt er sogar

30 den Ananassaft sausen. „Ich bin sofort wieder da!", ruft Lenni und fliegt mit seinem Finger nach Deutschland. „Schon gelandet", ruft er und läuft in die Küche.

Bei Fatma

Fatma ist in meiner Klasse. Sie sitzt hinter mir. Heute hat sie mich gefragt, ob ich sie mal besuchen will. Wir könnten ja zusammen für das Diktat üben.

Nun stehe ich vor ihrem Haus und suche den Namen Atik
5 auf dem Klingelbrett. So heißt Fatma nämlich mit Nachnamen. Dann gehe ich in den dritten Stock. Fatma steht im Flur. Sie begrüßt mich. Neben ihr stehen ihre beiden kleinen Brüder. „Zieh dir bitte die Schuhe aus", sagt sie. Sie führt mich in das Wohnzimmer. Da ist auch die Mutter. „An-
10 ne, das ist Nicole, meine Freundin aus der Schule", sagt Fatma. Darüber freue ich mich und gebe der Mutter die Hand. Ich weiß, Anne ist türkisch und heißt Mutter. Neben der Mutter sitzt Fatmas Tante. Fatma erzählt, dass sie zum ersten Mal in Deutschland ist. Ich begrüße sie auch. Sie
15 lächelt mir freundlich zu. Wie Fatma mir erklärt, versteht sie nur sehr wenig Deutsch. Dann sitzen wir auf dem Sofa. Frau Atik kommt mit einer großen rosa Flasche und öffnet sie. Die Flüssigkeit darin duftet schön, und ein wenig tut sie davon auf meine Hände. „Das ist zur Erfrischung", meint
20 sie. Anschließend bekommen wir eine Limonade und essen Pistazien, die sehr gut schmecken. Dann schauen wir uns Fotos aus der Türkei an. Ich sehe Fatmas Großmutter, Bilder vom letzten heißen Sommer und vom blauen Meer. Gerne würde ich auch einmal die Ferien in der Türkei ver-
25 bringen. In einem besonders schönen Album sehe ich die Hochzeitsfotos von Handan, das ist die große Schwester. Wie schön sie aussieht, und wie viel goldenen Schmuck sie trägt, denke ich. Fatma erzählt mir noch ein wenig von dem großen Fest. Fast habe ich vergessen, dass wir doch für
30 das Diktat üben wollten. Schließlich gehen wir in Fatmas Zimmer und lernen gemeinsam. Als ich am Abend nach Hause gehe, denke ich, dass es ein schöner Nachmittag gewesen ist. Vielleicht besuche ich Fatma bald wieder.

Italien

Sven zählt die Tage, bis die Sommerferien anfangen. Er freut sich, denn bald ist es so weit. Beim Abendbrot fragt er die Mutter: „Können wir nicht verreisen? Es wäre doch wunderschön, wenn wir einmal woanders die Ferien ver-
5 bringen könnten!" „Ja", meint die Mutter, „das wäre wirklich sehr schön, sich in einem Hotel verwöhnen zu lassen, einmal nicht kochen zu müssen." Dabei seufzt sie leise und schaut aus dem Fenster.

„Dann können wir doch eine kleine Reise machen, wenn du
10 auch dafür bist?", fragt Sven weiter. „Natürlich würde ich gern verreisen!", antwortet die Mutter etwas ungehalten. „Aber wer soll das bezahlen? Außerdem würde ich sowieso keinen Urlaub bekommen. Nun höre schon auf mit deiner Fragerei. Du bist doch schon groß und kannst das verste-
15 hen, oder?" Damit war das Gespräch beendet.

Als die Ferien beginnen, unternimmt Sven viel mit seinen Freunden. Aber trotzdem hat er das Gespräch noch nicht vergessen.

Heute hat er eine Idee. Morgens verabschiedet er die Mut-
20 ter: „Bis heute Abend, dann fahren wir nach Italien!" Die Mutter schüttelt nur den Kopf. Sie ist sehr in Eile.

Als sie abends nach Hause kommt, hat sie den Satz von Sven längst vergessen. Aber wie erstaunt ist sie nun. Alles ist aufgeräumt. In der Wohnung riecht es köstlich nach Es-
25 sen, und sie hört leise Musik. Sven führt die Mutter auf den Balkon, auf dem ein weißgedeckter Tisch steht. Er ist für zwei Personen gedeckt. Auch an ein Windlicht und die Servietten hat er gedacht.

Sven hat sich eine Serviette über den Arm gelegt. „Hier ist
30 Ihr Tisch, meine Dame! Darf ich Ihnen jetzt das Essen servieren? Als Vorspeise gibt es einen Salat. Das Hauptgericht ist eine Pizza Salami. Und als Nachspeise serviere ich Eis."

Die Mutter freut sich. „Und das hast du alles allein gemacht?", fragt sie. Sven nickt und ist richtig stolz, dass die
35 Überraschung gelungen ist.

Die Mutter setzt sich und probiert den Salat. „Das schmeckt
ja wirklich wie in Italien", sagt die Mutter, „aber der Kellner
darf ruhig mit mir essen."

„Gleich, ich muss erst noch schnell nach der Pizza schau-
40 en, sonst verbrennt sie vielleicht", sagt Sven. Er läuft in die
Küche und holt die Pizza, die richtig knusprig aussieht.
„Ach, wie schön ist es, einmal nicht zu kochen", freut sich
die Mutter. Dann sitzen sie gemeinsam auf dem Balkon
und genießen Italien zu Hause.

Im Asia-Supermarkt

Am Abend sagt die Mutter: „Ich habe eine Überraschung für euch. Wir bekommen Besuch. Morgen kommt euer Onkel Werner." Bettina und Thomas freuen sich: „Oh, wie schön, Onkel Werner macht bestimmt wieder etwas ganz
5 Tolles mit uns", sagt Thomas.

Am nächsten Tag ist er da. Was für ein Leben ist plötzlich in der Wohnung! Die Kinder toben immer um ihren Onkel herum. „Was möchtest du zu Mittag essen?", fragt ihn die Mutter. „Wie wäre es mit Frühlingsrollen, ich kaufe sie auch
10 ein!", schlägt Onkel Werner vor. „Wir gehen in einen chinesischen Laden und kaufen echte Frühlingsrollen!" Die Kinder sind begeistert. „Ich weiß, wo es einen gibt, aber hineingegangen bin ich noch nicht", ruft Thomas. So machen sie sich gemeinsam auf den Weg. Der Laden heißt
15 Asia-Supermarkt.

„Hier riecht es ja so komisch", sagt Bettina leise zu ihrem Bruder, als sie hineingehen. „Weil es hier ganz andere Lebensmittel gibt", erklärt Onkel Werner. In der Ecke sehen die Kinder große Säcke mit Reis. „So eine große Menge
20 Reis!", meint Bettina. „Wir kaufen immer nur Kochbeutelreis." „Was ist denn hier drin?" fragt Thomas. Er steht vor einem Regal mit vielen Dosen und kleinen Tüten. „Diese Schrift kann ich ja gar nicht lesen!" „Das ist chinesisch", sagt Onkel Werner, „seht mal, hier sind Glasnudeln." Betti-
25 na nimmt die Packung mit den weißen, gebogenen Fäden in die Hand. „Sind sie aus Glas?", fragt sie erstaunt. „Natürlich nicht", antwortet der Onkel, „aber wenn man sie kocht, werden sie durchsichtig wie Glas."

Nun kommen sie zu dem Stand, auf dem Gemüse und Obst
30 liegen. Dort gibt es Sorten, die Bettina noch nie gesehen hat. „Hier gibt es frische Gewürze." Onkel Werner zeigt ih-

nen eine hellbraune Knolle. „Das ist Ingwer. Ein bisschen davon gibt dem Essen eine besondere Schärfe. Das hier ist auch sehr scharf." Er zeigt auf eine Tüte mit kleinen roten

35 Schoten. „Es ist Chili." „Das aber kenn ich! Das ist Petersilie", sagt Bettina und zeigt auf ein Bund mit kleinen grünen Blättern. „Nein", sagt der Onkel, „wenn du daran riechst, merkst du einen ganz fremdartigen Geruch. Es ist frischer Koriander." Bettina riecht daran und merkt, dass ihr der Ge-

40 ruch wirklich ganz fremd ist.

Neben dem Gemüse steht ein großes Fass. In einer milchigen Flüssigkeit liegen große viereckige, weiße Stücke. „Das sieht aus wie fester Quark", meint Thomas. „Das ist Tofu", sagt Onkel Werner, „er wird aus Sojabohnen ge-

45 macht und ist sehr gesund, aber eigentlich schmeckt er nach gar nichts. Doch dafür gibt es ja die vielen Gewürze."

Er geht nun weiter, weil er noch etwas zum Nachtisch sucht. Vor einem Regal mit vielen Dosen bleibt er stehen: „Prima, hier sind eingelegte Mangos, die werden euch

50 schmecken." Bettina sieht sich die Dose an. Auf der Abbildung sehen die Mangos genauso aus wie geschälte Pfirsiche.

Onkel Werner steht schon an der Kasse. Er hält eine Tüte mit dünnen Frühlingsrollen in der Hand und ein Glas, das

55 aussieht wie ein Marmeladenglas. „Das ist eine ganz scharfe Soße", sagt er. „Da ist sicherlich Chili mit dabei", meint Thomas. „Sind das hier Buntstifte?", fragt Bettina und zeigt auf lange, schön bemalte Stäbchen. „Nein, damit wird gegessen", antwortet Onkel Werner und bezahlt. „Die

60 möchte ich einmal ausprobieren", sagt Thomas. „Warum nicht. Ich werde noch welche mitnehmen. Eure Mutter wird aber über unser Essen heute staunen!"

Alberne Zungenbrecher

Angela angelt am Abend acht arme, arglose Aale.

Bunte, breite Bänder binden bestens breite, bunte Bündel.

Chemnitzer Chorknaben vom Chemnitzer Knabenchor campen in Chemnitz.

Der dicke, dumme Dackel drängt den dummen, dünnen Dackel durch das dunkle Dorf.

Emsig ernten Ernas ernste Enkel Ernas erste Ernte.

Frieders flotte, freche Freunde feiern freitags früh frohe, feine Feste.

Ganz gewiss gackern gute, graue Gänse gerne grasend.

Hat Heiner Halsweh, hustet Hans häufig. Hustet Heiner häufig, hat Hans Halsweh.

Immer irren Iren im irren irischen Irrgarten.

Jodeln jetzt Jäger, jagen jetzt Jodler.

Kleine Kinder kauen keine Kürbiskerne kurz und klein.

Lilo liebt Lila, Lola lobt Lilo, denn Lola liebt Lila.

Mein Meerschweinchen Max macht Mutter morgens mächtig Mehrarbeit.

Neuerdings nähen nagelneue Nadeln natürlich nicht nur nagelneue Nähte.

Olgas ordentliche Oma Ottilie ordnet oft Opa Ottos Oberhemden.

Paula Propper putzt persönlich Peters prima Pappelparkett.

Quellende Quallen quälen quietschende Quatscher.

Ruppig rempeln rasende Renner ratlose Radler.

Susis supersüße Sahnesoßen sind sämtlich sehr sättigend.

Tante Tinas tolle Turteltauben trinken täglich tausend Tropfen Tee.

Unlängst unkten unter uralten Ulmen ungezählte, ungezähmte Uhus.

Vielleicht verschenken viele vormals völlig Verliebte vorrangig vier verblühte Veilchen.

Was Walter will, wird Werner wollen, was Werner wird, will Walter werden.

Xenia und Xaver brauchen x-beliebige, x-förmige X-Haken.

„Yeah, yeah, yeah", jubeln Yuppies, sehen sie Yetis.

Zwei ziemlich zerstrittene Zwergziegen zwicken zaghaft zwei ziemlich zickige Zicklein.

Hundekuchen Schlussfeier Kuchenbäcker Bäckerladen Ladenschluss Abendschau Schaukasten Kastenschloss Schlossgarten Gartengrill Grillfest Festtage Tagebuch Buchseiten Seitenzahlen Zahlenrätsel Rätselheft Heftumschlag Umschlagplatz Platzkarten Kartenspiel Spielkinder Kinderwagen Wagenrad Radfahrer Fahrersitz Sitzordnung

Honigtage, Salztage

In Ägypten heißen die Bauern Fellachen. Über die Fellachen wurde ein Film im Fernsehen gezeigt. Die Fellachen
sind oft ganz arme Leute. Sie müssen hart arbeiten, damit
sie und ihre Kinder genug zum Essen haben.

5   Wenn es eine gute Ernte gibt, dann freuen sich alle und feiern ein Fest. Solche festlichen Tage nennen die Fellachen
Honigtage. Honigtage sind süß wie der Festtagskuchen.

Schlechte Tage aber, wenn der Regen ausbleibt oder wenn
ein Kind krank wird, nennen die Fellachen Salztage. Sol-
10 che Tage sind salzig und bitter, wie die Tränen, die die
Menschen dann weinen.

Honigtage, Salztage, diese Namen gefallen mir.

Bei uns gibt es auch Salztage. Ich glaube, das sind Tage,
da geht alles schief. Am Morgen findet sich nur ein Schuh.
15 Der Füller bleibt verschwunden. Der Bus fährt vor der Nase
weg. Am Abend muss ich noch für ein Diktat üben.

Aber es gibt auch andere Tage. Heute zum Beispiel.

In der Schule konnte ich alles. Sogar die schweren Re-
chenaufgaben. Jessica hat mich zum Geburtstag eingela-
20 den. Die Großen aus der 6c haben uns nicht geärgert. Am
Mittag sagte meine Mutter zu mir: „Schön, dass du schon
da bist. Hast du saubere Socken an? Wir gehen jetzt Schuhe für dich kaufen!" Und dann haben wir die Schuhe gekauft, die ich mir schon lange gewünscht hatte. Danach
25 sind wir eine Pizza essen gegangen. Anschließend gab es
Eis. Ein großes Eis mit Schirmchen und Waffel.

Zu Hause lag ein Geschenk von meinem Vater auf dem
Tisch: mein Lieblingscomic. Das war ein richtiger Honigtag.

So schöne Tage sollte es öfter geben.

Die arabische Nacht

Heute ist ein großes Fest in der Stadt. Viele Menschen treffen sich im Zentrum der Stadt. Das Fest hat auch einen Namen. Es heißt „Die arabische Nacht". Überall wurden Stände, Zelte und Bühnen aufgebaut. An den Bäumen und über
5 den Zäunen hängen bunte Lichter.
Ali hatte die Schulklasse und die Klassenlehrerin gefragt, ob sie nicht alle gemeinsam zu dem Fest gehen und seinen Vater an seinem Stand besuchen könnten. Zuerst sagte Frau Husemann: „Nein, das geht nicht. Am Abend können wir uns
10 nicht treffen." Als aber alle Mitschülerinnen und Mitschüler auf sie einriefen, wie gern sie das einmal unternehmen würden, war sie schließlich auch einverstanden. Alle Kinder erhielten von ihren Eltern die Erlaubnis mitzukommen.
Nun treffen sich alle gemeinsam am Ausgang der U-Bahn.
15 Es dämmert schon. Die Festbeleuchtung ist eingeschaltet. An den Ständen drängen sich die Menschen. Laute, unbekannte Musik ist zu hören.

Ali führt seine Klasse und die Lehrerin zu seinem Vater. Heute verkauft er an seinem Stand Döner Kebap mit Salat.
20 Auf arabisch begrüßt er Ali. Ali sagt freudestrahlend zu seinen Klassenkameraden: „Mein Vater will jedem von euch einen Döner spendieren!"
Danach geht die Klasse weiter. Ali führt sie zu der Bühne. Eine große Gruppe von Männern spielt auf Saiteninstru-
25 menten, die den Kindern ganz unbekannt vorkommen. Auch die Melodien hören sich andersartig an. „Gleich seht ihr einen Bauchtanz", meint Ali. Eine Frau mit einem Schleier und einem Kostüm wie aus Tausend und eine Nacht betritt die Bühne und beginnt einen Tanz. Viele Men-
30 schen fangen an zu klatschen. Ali sagt: „Kommt, wir wollen noch weiter. Ich zeige euch, wo gleich unsere Volkstanzgruppe auftritt. Das sind Jungen und Mädchen in unserem Alter." Er führt seine Klassenkameraden und Frau Huse-

mann durch das Gedränge zu einer kleineren Bühne, wo
35 sich eine Gruppe von Kindern und Jugendlichen gerade
bereit macht. Die Tänzer und Tänzerinnen tragen eine
reich bestickte Tracht. Alle sind schließlich von dieser Auf-
führung ganz beeindruckt.

Auf der Straße wird es immer enger, viele Menschen sind
40 zu dem Stadtfest gekommen. Frau Husemann wird es
langsam zu laut. Sie findet ein kleineres Zelt. Dort ist es ruhig, in der Mitte sitzt ein Mann, um ihn herum sitzen einige
Kinder. „Wie schön, wir haben einen Märchenerzähler gefunden", sagt die Lehrerin.

45 Alle Kinder setzen sich auf die ausgelegten Teppiche und
lauschen dem Erzähler, der ein Märchen aus 1001 Nacht
erzählt.

Danach meint Frau Husemann, dass es Zeit für den Heim-
weg ist. Alle gehen gemeinsam zur U-Bahn. Ein bisschen
50 schade finden es die Kinder, dass sie nicht noch auf das
Feuerwerk warten dürfen. Aber alle finden ihren Ausflug in
„Die arabische Nacht" wunderbar.

Jan sammelt Briefmarken

Schon lange sammelt Jan Briefmarken. Viele Seiten in seinem Sammelalbum sind gefüllt. Jan ordnet die Briefmarken nach den verschiedenen Staaten. Natürlich hat er viele Briefmarken aus Deutschland, weil seine Eltern die meiste Post aus Deutschland
5 erhalten.
Aber auch seine Nachbarin sammelt für ihn mit. Ihre Söhne wohnen in Australien. Jan hat einen vollständigen Satz mit Kängurus und Koalabären aus Australien. Besonders stolz ist Jan auf die vielen Sportlermarken aus den USA. Diese Marken hat ein Ar-
10 beitskollege seines Vaters ihm gegeben.
Heute hat sich Jan mit Annika verabredet. Sie wohnt auch in seinem Haus, zwei Stockwerke über seiner Wohnung. Annika sammelt auch so gern wie Jan Briefmarken. Sie besitzt einen vollständigen Satz mit Basketballbildern aus Frankreich. Jan möchte
15 schon lange diese Marken eintauschen. Aber bislang hatte Annika nichts gefunden, was sie dafür haben wollte. Heute nun glaubt Jan, dass er etwas gefunden hat, was er zum Tausch anbieten kann. Annika mag besonders gerne Pferde. Gestern Abend hat Bernd, sein älterer Bruder, ihm einen Satz mit fünf Briefmarken
20 mit Pferdeabbildungen aus Frankreich geschenkt. Bevor er nun zu Annika geht, will er die Marken noch einmal kontrollieren. Mit einer Pinzette nimmt er jede Marke vorsichtig aus der Reihe und schaut sie sich unter der Lupe an. Gut, alle Zacken sind unbeschädigt, und der Zustand der Marken ist in Ordnung. Die Pferde-
25 abbildungen sind wirklich sehr schön.
Bernd hat ihm erzählt, dass es sich um wilde Pferde handelt, die es in Südfrankreich in der freien Natur gibt. Besonders gut gefallen Jan die weißen Pferde. Wie es wohl wäre, wenn es bei uns auf den Wiesen wilde Pferde gäbe, die keinem gehören, denkt Jan.
30 Am unteren Rand der Marken steht „France". Jan weiß, das bedeutet „Frankreich". „Eigentlich finde ich diese Marken zum Tauschen viel zu schön", murmelt Jan, „aber den Satz mit den Basketballspielern wünsche ich mir schon so lange". Er packt alles zusammen und geht zu der Wohnung von Annika. Ich bin ge-
35 spannt, denkt Jan, als er auf den Klingelknopf drückt, ob ich heute den Briefmarkensatz mit den Basketballspielern bekomme.

88

Familienessen

Bei uns zu Hause gibt es Speisen,
die kennen manche nur vom Reisen.
Ich esse D ö n e r , frisch vom Spieß,
am liebsten zwei, wenn man mich ließ.
5 Mein Vater, der hat B a m b u s s p r o s s e n
erst gestern noch mit Reis genossen.
Dem Opa, das ist leicht zu raten,
schmeckt ein gefüllter G ä n s e b r a t e n ,
doch wenn sein Vetter Hunger hat,
10 gibt's H a m b u r g e r mit viel Salat.
Bei P i z z a mit Salamischeiben
wird Onkel Hans zum Essen bleiben.
Sein Bruder für S p a g e t t i schwärmt,
die er sich in der Pfanne wärmt.
15 Die kleinste Schwester löffelt B r e i
aus viel Gemüse und aus Ei.
Nur die Kusine Uschi
liebt ganz alleine S u s h i .
Ihr Schwager sich an K r e p p s erfreut,
20 auf die er ganz viel Zucker streut.
Bei S c h n i t z e l nach der Wiener Art,
hat Oma nie mit Lob gespart,
doch macht sie G u l a s c h – welch Genuss –
kriegt sie vom Enkel einen Kuss;
25 wenn der nun wieder G y r o s brät,
dann weiß man nie, wie das gerät.
C h i l i c o n c a r n e kocht die Tante,
ein Essen, das ich gar nicht kannte.
Die Mutter isst gern F r ü h l i n g s r o l l e n ,
30 zur Weihnacht mag sie D r e s d n e r S t o l l e n .
Uns allen wird's am besten schmecken,
wenn wir den Tisch für alle decken.

Irgendwo

Ich frage oft, wo werd ich leben?
Irgendwo muss es ihn geben,
den Platz für mich auf dieser Erde,
an dem ich morgen glücklich werde.

Gestern war ich noch sehr klein,
wollte nur zu Hause sein.
Doch ich wachse wie der Baum,
brauche Zeit noch und auch Raum.

Ich weiß nicht immer, was ich will,
werde laut sein, manchmal still,
werde suchen, werde fragen,
werde mich an Neues wagen.

Ich wünsche mir: nie Einsamkeit,
sondern dass für alle Zeit,
gute Freunde zu mir stehn,
die bei Streit nicht von mir gehn.

So zu leben, macht mich froh.
Jetzt noch hier, dann irgendwo.

Märchen und Träume

Der Sternenbaum

Überall und nirgendwo,
an allen Orten sowieso,
warten Träume noch ganz still,
bis ein Kind sie träumen will.

Nachts, wenn es ganz dunkel ist,
und auch du dann leise bist,
hört man draußen nur den Wind
flüstern: „Schlaf mein Kind."

Schlafe tief in dieser Nacht,
zugedeckt und gut bewacht,
wenn am Himmel Lichter stehn,
wirst auch du die Träume sehn.

„Schweigt!", befiehlt er dann den Sorgen,
„ihr wart gestern, bald ist morgen!"
Und er weht vom Sternenbaum
für jedes Kind den schönsten Traum.

93

In einer Straße irgendwo

In einer Straße irgendwo. Da stand ein kleines Haus. Es war kleiner als alle anderen Häuser. Wenn ich mich recht erinnere, war es wohl am kleinsten.

Dort wohnte ein großer Mann. Er war größer als alle anderen. Wenn ich mich recht erinnere, war er wohl am größten.

Das Haus des großen Mannes hatte eine niedrige Tür. Sie war niedriger als alle anderen. Wenn ich mich recht erinnere, war sie wohl am niedrigsten.

Jeden Tag also musste der größte Mann durch die niedrigste Tür gehen.

Am Montag stieß er sich und bekam eine dicke Beule.

Am Dienstag stieß er sich wieder und bekam eine dickere Beule. Und am Mittwoch ...? Nein, Nein!

Am Mittwoch sagte der Mann: „Genug! Das Haus ist zu klein, ich bin zu groß. Ich werde mir ein Haus bauen, das größer sein wird als alle anderen."

Am Donnerstag begann er schnell zu mauern.

Am Freitag mauerte er schneller.

Und am Samstag ...? Nein, nein!

Am Samstag war der Mann fertig und freute sich.

Endlich, am Sonntag, ging er zum ersten Mal in sein riesengroßes Haus. Hier fühlte er sich plötzlich ganz klein.

Aufgeregt lief er zu seinen Nachbarn, um ihnen dieses zu erzählen.

Dort aber war er wieder der Größte.

Rumpelstilzchen

Es war einmal ein Müller, der war sehr arm. Er hatte aber
eine schöne Tochter. Eines Tages ging er zum König und
sagte: „Meine Tochter kann Stroh zu Gold spinnen."
„Das muss ich sehen", sagte der König, „wenn es wahr ist,
5 soll sie Königin werden." Er führte das Mädchen in eine
Kammer voller Stroh: „Nun spinne es bis morgen zu Gold.
Gelingt es dir nicht, so musst du sterben."
Als das Mädchen allein war, dachte es, wie gern es den König heiraten und Königin werden würde. Aber es konnte
10 kein Gold machen. So wurde es sehr traurig.

Plötzlich kam ein kleines Männlein herein. „Was gibst du
mir, wenn ich dir helfe?", fragte es. „Mein Halsband", sagte
das Mädchen. Da machte das Männlein das Stroh zu Gold.
Am nächsten Tag freute sich der König über das viele Gold,
15 aber er führte es in eine größere Kammer mit noch mehr
Stroh. Auch dieses sollte es zu Gold spinnen.
Das Mädchen musste weinen, aber wieder kam das kleine
Männlein und fragte: „Was gibst du mir, wenn ich dir helfe?"
„Meinen Fingerring", sagte das Mädchen. Da machte das
20 Männlein das Stroh zu Gold.
Am dritten Tag sollte das Mädchen noch einmal Stroh zu
Gold spinnen. „Gelingt es dir auch dieses Mal, so sollst du
meine Frau werden", sagte der König und führte es in eine
noch größere Kammer, die bis oben mit Stroh gefüllt war.

²⁵ Das Männlein kam ein drittes Mal und fragte: „Was gibst du mir, wenn ich dir helfe?" „Ich habe nichts mehr", antwortete das Mädchen. „So versprich mir, wenn du Königin wirst, dein erstes Kind!" In seiner Not willigte das Mädchen ein, und das Männlein machte wieder das Stroh
³⁰ zu Gold.

Als der König am nächsten Tag alles so fand, wie er es sich gewünscht hatte, feierte er mit dem Mädchen ein großes Hochzeitsfest, und die Müllerstochter wurde Königin. Nach einem Jahr bekam sie ein Kind.

³⁵ Plötzlich erschien wieder das Männlein: „Nun gib mir, was du versprochen hast!" Aber die Königin brachte es nicht über ihr Herz.

„Nun gut, wenn du meinen Namen errätst, darfst du das Kind behalten. Drei Tage hast du Zeit!"

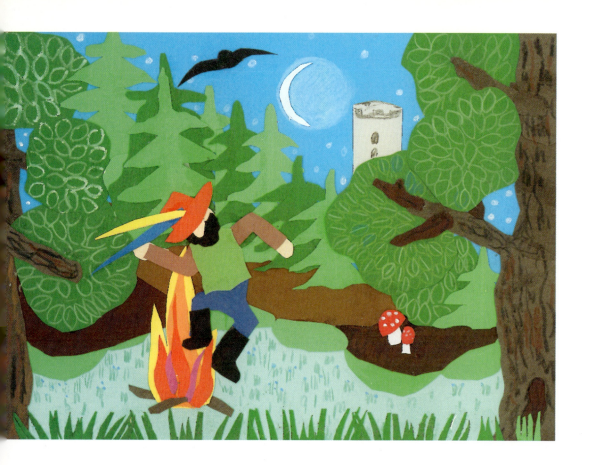

40 Die Königin dachte an alle Namen, die sie jemals gehört
hatte. Als das Männlein am ersten Tag kam, und sie alle
nannte, war nicht der richtige dabei. Auch am zweiten Tag
hatte sie kein Glück. Dann kam ein Bote, der erzählte von
einem kleinen Männlein, das um ein Feuer herumsprang
45 und dabei schrie:

> „Heute back ich, morgen brau ich,
> übermorgen hole ich der Königin ihr Kind;
> ach wie gut, dass niemand weiß,
> dass ich Rumpelstilzchen heiß."

50 Wie glücklich war nun die Königin. Als das Männlein ein-
trat, fragte sie: „Heißt du Rumpelstilzchen?"
Da wurde das Männlein sehr zornig und wütend, und die
Königin konnte ihr Kindlein behalten. Und wenn sie nicht
gestorben sind, dann leben sie noch heute.

Wenig – viel

In einem Garten stand ein großer Apfelbaum.

Der Frühling kam und schmückte ihn über und über mit rosa Blüten.

Dann reiften die Äpfel. Hunderte von Äpfeln.

5 Zur Erntezeit sagten die Leute:

„So viele Äpfel! Wer soll die nur essen? Wir können nicht alle pflücken!"

Es blieb so mancher Apfel an den Zweigen hängen.

Im späten Herbst warf der Sturm die letzten ins Gras. Nur
10 ein einziger Apfel trotzte dem Wind.

Wieder kam ein Frühling ins Land. Doch dieser brachte kaum Blüten. Und dann reifte nur ein Apfel heran.

Da wunderten sich die Leute:

„Nur ein Apfel! Wer darf den wohl essen? Wir haben noch
15 nie so wenig geerntet!"

Als der Herbst kam, pflückten sie ihn und legten ihn in eine Schale. Am Ende wurde der Apfel geteilt. Jeder bekam nur ein Stück.

„Habt ihr gewusst", fragten sich die Leute, „wie wunderbar
20 ein Apfel schmeckt?"

Schneewittchen

Es war einmal eine Königin, die wünschte sich nichts so sehr wie ein Kind. Im Winter saß sie an ihrem Fenster und nähte. Plötzlich stach sie sich in den Finger, und es fielen drei Tropfen Blut in den Schnee. Da dachte die Königin: Hätte ich doch
5 ein Kind so weiß wie Schnee, so rot wie Blut und so schwarz wie das Holz des Rahmens! Bald darauf sollte ihr Wunsch in Erfüllung gehen, und das Mädchen wurde Schneewittchen genannt. Die Königin starb, und der König nahm sich eine andere Frau. Diese aber war eitel und böse. Sie besaß einen
10 Spiegel, den sie jeden Tag befragte: „Spieglein, Spieglein an der Wand, wer ist die Schönste im ganzen Land?"
Der Spiegel antwortete: „Frau Königin, Ihr seid die Schönste im Land."
Da war die Königin zufrieden. Aber Schneewittchen wurde
15 größer und immer schöner. Als die Königin den Spiegel wieder einmal befragte, antwortete dieser:
„Frau Königin, Ihr seid die Schönste hier, aber Schneewittchen ist noch tausendmal schöner als ihr."
Die Königin wurde wütend. Sie rief den Jäger und sprach:
20 „Bring das Kind in den Wald. Du musst Schneewittchen töten!" Als der Jäger mit Schneewittchen im Wald war, fing es an zu weinen und bat um sein Leben. Der Jäger hatte mit ihm Mitleid und ließ es gehen. Nun war Schneewittchen ganz allein im dunklen Wald. Da sah es plötzlich ein kleines Häus-
25 chen und ging hinein. In der Mitte stand ein kleines gedecktes Tischlein mit sieben kleinen Tellern und sieben kleinen Bechern. An der Wand standen sieben kleine Bettchen. Weil Schneewittchen so hungrig war, kostete es ein wenig von jedem Teller, und aus jedem Becher nahm es einen kleinen
30 Schluck. Als es müde wurde, legte es sich in ein Bettchen. Am Abend kamen die Herren des Häuschens zurück. Es waren die sieben Zwerge. Wie verwundert waren sie, als sie in dem Bettchen das wunderschöne Mädchen sahen! Schnee-

wittchen konnte bei ihnen bleiben, und die Zwerge hatten es
35 sehr lieb. Die böse Königin aber dachte, sie wäre nun die Al-
lerschönste und fragte wieder den Spiegel: „Spieglein,
Spieglein an der Wand, wer ist die Schönste im ganzen
Land?"
Da antwortete der Spiegel: „Frau Königin, Ihr seid die Schöns-
40 te hier, aber Schneewittchen hinter den sieben Bergen bei den
sieben Zwergen ist noch tausendmal schöner als ihr."
Darüber wurde die Königin zornig. Sie überlegte, wie sie
Schneewittchen töten könnte. Sie ging in ihre Kammer und
gab in einen Apfel Gift. Dann verkleidete sie sich als alte
45 Bäuerin und machte sich auf den Weg zu dem Haus der sieben Zwerge. Sie klopfte an die Tür, und Schneewittchen öff-
nete. „Ich verkaufe schöne Äpfel. Schau nur, wie gut sie
sind", sprach die Alte. „Nein", sagte Schneewittchen, „ich
darf nichts annehmen." „Fürchtest du dich etwa vor Gift?
50 Sieh her, ich esse die eine Hälfte", sagte die verkleidete Königin. Sie teilte den Apfel. Als Schneewittchen sah, dass die
Bäuerin davon aß, nahm es die andere Hälfte, die jedoch ver-
giftet war. Kaum hatte es einen Bissen davon im Mund, fiel es
wie tot zur Erde. Am Abend kamen die sieben Zwerge nach
55 Hause und fanden Schneewittchen tot auf dem Boden liegen. Sie bauten einen gläsernen Sarg, legten es hinein und
bewachten es Tag und Nacht. Ein Prinz kam vorbei. Er sah
das schöne Mädchen in dem Sarg liegen, als ob es schliefe
und gewann es sehr lieb. Er bat die Zwerge, es ihm zu geben.
60 Schließlich taten sie es schweren Herzens. Als seine Reiter
den Sarg zogen, stolperten sie über eine Wurzel, und das gif-
tige Apfelstückchen fiel Schneewittchen aus dem Mund. Es
erwachte und freute sich, den Prinzen zu sehen. Dann feier-
ten sie ein großes Hochzeitsfest. Die sieben Zwerge brach-
65 ten Gold und Edelsteine. Auch die böse Königin wurde ein-
geladen. Sie musste in glühenden Schuhen tanzen, bis sie
tot umfiel. Der Prinz und Schneewittchen lebten glücklich bis
an ihr Ende. Und wenn sie nicht gestorben sind, dann leben
sie noch heute.

Der Junge und die Fee

Es war einmal ein Junge. Der traf eine Fee, die zufällig auf dem Spielplatz saß. Weil sie nichts zu tun hatte und sich langweilte, sagte sie zu ihm:

„Hallo Kind, du hast drei Wünsche. Mach was daraus!"

5 Der Junge musste nicht lange überlegen:

„Also, du Zaubertante, ich will Geld, eine schöne Frau und endlich auf die Schaukel."

Die Fee sprach ihren Zauberspruch.

Da begann ein heftiger Platzregen, so dass die großen Kin-
10 der den Spielplatz verließen. Nun war die Schaukel frei. Es dauerte nicht lange, da kam die Mutter des Jungen ange-laufen.

„Ab nach Hause!", rief sie. „Du kannst doch bei dem Wetter nicht draußen bleiben. Ich gehe jetzt zur Arbeit. Bitte hole
15 uns nachher noch ein Brot. Geld liegt auf dem Küchen-tisch."

Der Junge sah die Fee bitterböse an.

„Ich glaube, du solltest noch ein bisschen üben, bevor du wieder zauberst."

20 „Na gut", sagte die Fee. „Du sollst jetzt noch einen Wunsch erfüllt bekommen!"

„Also", rief der Junge, „ich möchte nicht immer das tun müssen, was ich nicht will!"

Die Fee sprach ihren Zauberspruch.

25 Da wurde der Regen noch schlimmer.

„Ich will jetzt nach Hause!", sagte der Junge, ganz nass.

„Na, klappt doch!", meinte die Fee zufrieden.

Eine Fabel aus Tibet

Der Fuchs musste für den Löwen arbeiten, bekam aber kaum Lohn dafür. Einmal hatte der Löwe ein Tier erlegt, und der Fuchs sollte das Fleisch im nahe gelegenen Brunnen gut waschen. Wieder sollte er für seine Arbeit keinen
5 Lohn erhalten. Aber als er dieses Mal wieder zum Löwen zurückkam, brachte er nur die Hälfte des Fleisches zurück.

„Wo ist die andere Hälfte?", brüllte der Löwe.

„Die hat der Brunnenlöwe gefressen", antwortete der Fuchs, „dieser möchte nun stets die Hälfte abbekommen."

10 „Das ist die größte Frechheit! Wo find ich das Tier?", brüllte der Löwe wütend.

„Der Brunnenlöwe wohnt im Brunnen", antwortete der Fuchs.

„Das gestatte ich nicht!" Der Löwe schnaubte vor Wut. Er
15 starrte in den Brunnen, und tatsächlich schaute ihm ein fürchterlicher Löwe entgegen.

„Ich bin der alleinige Herrscher!", rief der Löwe und sprang auf den anderen im Brunnen los und ging unter.

Der Fuchs aber dachte: „Das kommt davon, wenn man so
20 habgierig ist."

Eine Fabel aus Ägypten

In der Höhe eines Baumes hatte ein Geier sein Nest gebaut. Unten zwischen den Wurzeln lebte eine Wildkatze. Beide hatten Junge. Das Geierweibchen verließ sein Nest nicht, weil es fürchtete, die Wildkatze könnte die Jungen
5 auffressen. Auch die Wildkatze hatte Angst um ihre Jungen

und ließ sie nicht allein. So vergingen die Tage und alle erhielten kein Futter. Mit der Zeit wurden die Jungen des Geierweibchens und die Jungen der Wildkatze immer hungriger. Als sie zu verhungern drohten, schickten die Geierjungen ihre Mutter zur Wildkatzenmutter: „Sag ihr doch, dass du ihren Jungen nichts tun wirst!" Auf der halben Strecke trafen sich Geierweibchen und Wildkatze. „Warum hatten wir nicht diese Idee?", fragten sie.

„Die Kinder sind eben oft klüger als die Alten."

Die Ballade von der Katze und den Mäusen

Mutter Maus hat wieder Sorgen,
keiner kann ihr etwas borgen.
Leer ist auch der Küchenschrank,
nicht ein Krümel, alles blank.
Die Mäusekinder piepsen leise:
„Mutter Maus, was gibt's zur Speise?
Käse wolln wir und auch Wurst,
dann noch etwas gegen Durst."

Von oben aus des Hauses Küche,
locken tausend Wohlgerüche.
Vor der Küche sitzt die Katze,
leckt zufrieden ihre Tatze.
Dieses Tier soll ja bewachen
all die wunderbaren Sachen.
Frau Maus hat lange nachgedacht,
wie man der Katze Beine macht...

Da sieht sie plötzlich ihren Mann,
und weiß, wie man es lösen kann.
Sie zeigt ihm das ganz ohne Wort',
Herr Maus begreift und rennt sofort.

Durchs ganze Haus lockt er die Katz
zum Hof hinaus in wilder Hatz.
Dort spielen sie noch lang Versteck,
Frau Maus trägt derweil Speisen weg.

25 Die Mäuse haben heute Glück,
denn sie bekommen so ein Stück,
von allem was das Herz begehrt,
und eine Maus sehr gern verzehrt.
Beim Festmahl rufen sie vergnügt:
30 „Niemals uns die Katze kriegt!"
Erst nach Stunden sind sie satt,
vom Essen und vom Jubeln matt.

Die Katze liegt ganz müd gelaufen,
vor der Küche zum Verschnaufen.
35 Sie schläft tief und träumt indessen
von einem großen Mäuseessen.
Aus langem Schlaf erwacht sie heiter,
denn sicher ist, das Spiel geht weiter.
Ihr Mäuse, seid nicht gar zu frech,
40 auf leisen Sohlen naht das Pech.

Da lachen ja die Hühner ...

Der Hahn verschlief das Morgenkrähn.
Der Bauer kam zu spät zum Mähn.
Er hing dem Hahn 'nen Wecker um,
da lachten sich die Hühner krumm.

Der Igel ging mal zum Frisör:
„Ich möchte Locken, bitte sehr!"
Der Meister nickt' und holt' die Zange.
Der Igel floh, nun doch sehr bange.

Der Regenwurm, ein eitler Tropf,
setzt' sich 'ne Mütze auf den Kopf.
Da hat er gleich die Sicht verloren,
die Mütze rutscht'. Ihm fehlten Ohren.

Die Schnecke wollte schneller sein.
Sie baute sich 'nen Motor ein.
Rast wie gesengt dann hin und her,
dann stand sie, denn der Tank war leer.

Der Hase wollte größer sein,
drum hoppelt' er auf Stelzen rein.
Flog auf die Nase und er schrie:
„So klein war ich im Leben nie!"

Die Katze wollt' ein Tiger sein,
lang übte sie sein Fauchen ein.
Dann sah man sie ein Ticket buchen.
Im Dschungel will sie Mäuse suchen.

Der Frosch, der wollte König sein,
drum musst' er die Prinzessin frein.
Die hat die Ehe abgesagt,
weil ständig er dazwischenquakt.

Schlaflied

Tipp, tipp, tipp und tapp, tapp, tapp,
etwas läuft dort auf und ab.
Schurr und scharr hat's nun gemacht,
davon ist das Kind erwacht.

„Mutti komm und bring ein Licht,
hörst du denn den Krach hier nicht?
Riesen rasen raus und rein,
schluchzen, schmatzen gar nicht fein.
Holpern, stolpern um mein Bett,
ächzen, krächzen um die Wett'.
Mutti, wirf die Riesen raus,
damit Ruhe ist im Haus."

„Weg ihr Kerle! Auf mein Wort
geht ihr aus dem Häuschen fort!
Tipp, tipp, tipp, da läuft doch keck
eine Maus, schon ist sie weg.
Sieh, nun kommt der Mond heraus,
zeigt der Maus den Weg nach Haus.
Jetzt wird alles ruhig sein,
schlaf mein Kind, so schlafe ein!"

Inhaltsverzeichnis

Hinweise:
Zu Hause Text   • Zu Hause   Abbildung   *Es kann sein*   Gedicht

Quellennachweis:

Die Texte auf den Seiten 6-8, 11, 13-14, 16-20, 22, 32-33, 37, 40-42, 49, 54-55, 58-59, 62-64, 68-69, 82-85, 94-95, 100, 104 verfassten Inge Schofer und Doris Wissel.
Die Texte auf den Seiten 26-27, 36, 38-39, 66-67, 76-81, 86-88, 96-99, 102-103, 105 verfasste Birgit Wiedermann.
Die Gedichte stammen von Doris Wissel.
Die farbigen Illustrationen und die Zeichnungen auf den Seiten 4-5, 9, 15, 24-25, 31, 34-35, 46-47, 57, 60-61, 66-67, 70-71, 74-75, 92-93, 96-99, 101 stammen von Inge Schofer, die Zeichnungen auf den Seiten 7, 10-13, 17, 19, 27-28, 39, 44, 48, 50-53, 55, 64-65, 69, 79, 87-88, 90, 94-95, 107-109 stammen von Andrea Frick-Schmidt.

Papiercollagen: Scherenschnitte waren bis zur Mitte des vergangenen Jahrhunderts nicht nur in der Laienkunst beliebt. Als Scherenschnitt bezeichnete man damals immer den Schwarzschnitt. Das ist der aus schwarzem Papier geschnittene Umriss, die „Silhouette" bzw. der Schattenriss. Scherenschnitte werden auch heute noch angefertigt. Um einen Scherenschnitt oder – moderner – eine Papiercollage herzustellen, genügen ein bisschen Papier, bunte Reste aus Zeitungen, von Verpackungen, eingefärbte Papiere, Tonpapiere oder Geschenkpapiere. Alle Arten von Papier können dafür verwendet werden. Der französische Maler Henri Matisse (1869-1954) hat sich auch dem Scherenschnitt gewidmet, weil er ein neues Ausdrucksmittel suchte. Dieser erlaubte es ihm, unmittelbar in die Farbe zu schneiden. Das ist auch für uns das eigentliche Gestaltungserlebnis. Einfach ein Stück Papier in die Hand nehmen. Eine Schere genügt – und schon erhalten wir einen roten Ball, eine blaue Blume, einen grünen Baum. Wolken, Sonne, Mond und Sterne entstehen vor unseren Augen. Die einzelnen Objekte werden auf einem leichten Karton in der gewünschten Größe angeordnet. Das entstehende Bild bleibt immer veränderbar, weil erst im letzten Arbeitsgang die Bildteile aufgeklebt werden.

So wurden auch die Papiercollagen in unserem Buch hergestellt. Einfach Formen ausschneiden, auf einem Bogen anordnen, Wirkungen überprüfen, vom Hintergrund nach vorne arbeiten, aufkleben und das Bild ist fertig. Wann versucht ihr es einmal?

... und ganz zum Schluss die Titel und Autoren
der Lieblingsbücher von Seite 38/39:

1. „Pipi Langstrumpf" von Astrid Lingren;
2. „Karlsson vom Dach" von Astrid Lingren;
3. „Die kleine Hexe" von Otfried Preußler;
4. „Der kleine Vampir" von Angela Sommer-Bodenburg;
5. „Pumuckl" von Ellis Kaut;
6. „Pinocchio" von Carlo Collodi oder
   „Der neue Pinocchio" von Christine Nöstlinger.